中 国 道 教 文 化 之 旅 丛 书

# 千山圣境
# 无量观

总主编 张继禹
本册主编 王崇道
编　　著 刘明省 庄志学 黄忠浩

华夏出版社

# 《中国道教文化之旅》编辑委员会

总 顾 问：任法融
总 主 编：张继禹
主 　 编：王哲一
执行主编：王炳旸
副 主 编：

| 黄信阳 | 黄至安 | 丁常云 | 唐诚青 | 赖保荣 | 刘怀元 | 林　舟 | 张金涛 |
| 张凤林 | 孟崇然 | 黄至杰 | 李诚道 | 张东升 | 袁志鸿 | 张明心 | 胡诚林 |
| 谢荣增 | 陆文荣 | 董沛文 | 刘世天 | 王书献 | 孙常德 | 史孝进 | 吉宏忠 |
| 王怀静 | 杨世华 | 詹达礼 | 高信一 | 吴诚真 | 李文兴 | 王至全 | 袁宗善 |
| 刘兴龙 | 欧治国 | 喇宗静 | 张崇新 | 赵理修 | 王崇道 | 邓信德 | 蔡万圻 |
| 董中基 | 廖东明 | | | | | | |

编辑工作办公室主任：张兴发
编辑委员会委员：

| 任法融 | 张继禹 | 黄信阳 | 黄至安 | 丁常云 | 唐诚青 | 赖保荣 | 刘怀元 |
| 林　舟 | 张金涛 | 张凤林 | 孟崇然 | 黄至杰 | 李诚道 | 王哲一 | 王炳旸 |
| 袁志鸿 | 张明心 | 胡诚林 | 谢荣增 | 陆文荣 | 董沛文 | 刘世天 | 王书献 |
| 孙常德 | 张兴发 | 冯　鹤 | 郝光明 | 李信军 | 张　凯 | 吉宏忠 | 姚树良 |
| 张开华 | 翟仁军 | 成笃生 | 刘少波 | 黄健虹 | 吴信达 | 潘志贤 | 杨梦觉 |
| 陈明昌 | 张至容 | 杨明江 | 邹理慧 | 郑明德 | 吴诚真 | 刘玄遵 | 蔡亚庭 |
| 朱　泽 | 欧治国 | 万　文 | 王理砚 | 陈万赟 | 林美菊 | 陈信桂 | 廖信杰 |
| 贾慧法 | 任兴之 | 陈法永 | 孙敏财 | 尹信慧 | 杨世华 | 冯可珠 | 郑志平 |
| 简祖洪 | 薄建华 | 李宗贤 | 霍怀虚 | 张诚达 | 刁玉松 | 李　福 | 詹和平 |
| 陈理复 | 李宗旭 | 袁宗善 | 喇宗静 | 邓信德 | 赵理修 | 陈崇真 | 王崇道 |
| 王高静 | 史孝进 | 王怀静 | 詹达礼 | 高信一 | 王金华 | 李文兴 | 王至全 |
| 刘兴龙 | 张崇新 | 蔡万圻 | 董中基 | 廖东明 | | | |

# 序

  殷商时期,道祖降临神州大地。他所倡导的致虚守静、少私寡欲、无为而治、道法自然、返朴归真、和光同尘等思想,深深影响了中国哲学;他所著《道德经》,提出了"道"、"自然"、"无为"等等著名的哲学概念,成为中国哲学的基石之作。

  两汉之际,中国又出现了一位真人张陵,他奉老子为道祖(太上老君道德天尊),以老子《道德经》为祖经,以道为宗本,创立道教,融合传统宗教习俗,追求天人和谐、家国太平,倡导真正、积善成功、福臻家国,相信修道积德行善定能平安幸福、长生久视。

  魏晋南北朝,道教人士秉承老子思想,光大张陵道风,建立弘扬道教文化的宫观,从此道教文化有了自己的文化宣传窗口,向世人展示着自己独特的魅力。

  宫观发展至今,已成为道教信仰和修道者的圣地。成千上万的道教徒们在宫观内过着如法如仪的宗教生活,成万上亿的道教信徒们到宫观开示解惑、朝拜神灵、祈福禳灾。许多高道依托宫观实现了他们致道成仙的人生目标,如张道陵在大邑鹤鸣山驾鹤飞仙,许逊在南昌西山白日飞升,张三丰在武当山得道成仙。

  宫观传衍至今,已成为中国传统文化的重要载体。每一个宫观都有着它的历史传承、人物故事、文物胜迹、经典书籍和建筑艺术等等，这些均构成了本宫观的文化，这些文化又是宫观所在地文化不可或缺的重要组成部分。这不仅是宫观的，也是道教的，更是社会的传统文化。如张道陵祖师依托二十四治创立天师道，形成了天师道文化；杨羲、许谧依托茅山的靖庐创立了道教上清派，形成了茅山文化；许逊依靠万寿宫，形成了净明道忠孝文化；邱处机凭借白云观推动了全真龙门派的发展，形成了龙门祖庭文化。

宫观传承至今，已成为了道德伦理教化的场所。道教宫观中供奉的神灵，有古代神话中的人物，还有山川河岳等自然界的神灵，更有有功于社稷、有惠于黎民而为民众所敬仰的地方神灵。道教崇奉神灵的原则是"尊道贵德"，倡导崇尚德行、敬仰贤能。如道士孙思邈是古今医德医术堪称一流的名家，尤其对医德的强调，为后世的习医、业医者传为佳话。他的名著《千金方》中，也把"大医精诚"的医德规范放在了极其重要的位置上来专门立题，重点讨论。而他本人，也是以德养性、以德养身、德艺双馨的代表人物之一，成为历代医家和百姓尊崇备至的伟大人物，被道教崇奉为"药王"。又如道教崇拜的城隍神，皆为世间人之正直者，有"功施于民则祀之"的说法。他们有的是地方的"清官"，正直无私，秉公办事，能为民消灾解难者；有的是有功于国于民的"功臣"，生前曾对某地乃至全国作出过一定贡献，人们牢记其功绩，奉之为神灵；还有人间正直者，他们生前为人正直，与人们所希望的城隍神形象较为接近；更有世间乐善好施者，在中国传统社会中，积功行善，乐善好施者，往往受到人们的崇敬；当然也有神能者，生前有异能，造福乡民，人们相信他死后可以充当城隍之职；还有善鬼，人们认为，人死后进入阴间而为鬼，但只要积德行善也能提升。可见，城隍信仰中"人之正直，死而为神"的观点，正是人们把美好理想

和愿望寄托于神灵,希望他们能像生前一样公正无私,造福于民。同时,也鼓励人们积极向上,崇尚德行,讲求孝道,对人们具有一定的教化功能,在一定程度上又构成了伦理道德体系。

同时,道教的宫观还是济世利人的基地,是服务社会、利益人群的场所。道教宫观导人向善的教化功能本身就发挥着净化社会的崇高精神。从历史上看,道教宫观曾经发挥过济世救人的功能。如张鲁行宽厚仁慈之政,以道教化世人,设立义舍于路边,放置米肉于其中,让过路的人量腹而食;邱处机在北京白云观创立十方丛林,收容遭战乱无家可归的人,多达数以万计,清乾隆皇帝赞扬说:"万古长春不用餐霞求秘诀,一言止杀始知济世有奇功。"清代道士闵一得,主持金盖山纯阳观,大振玄风,乐善好施,奖掖后进。当代道教宫观,不忘祖训,更加积极投入到社会慈善公益事业中。道教宫观植树造林、美化环境;赈穷补急、兴利除害;积功累德、慈心于物;忠孝友悌、正己化人。如道教宫观在甘肃的生态林建设,九八洪灾捐款,四川地震灾害捐献等等,均彰显出道教宫观济世利物的高尚品德,由此清楚地看到宫观在道教传承中的地位和作用。

为了打造道教文化精品,提升道教品位;繁荣文化市场,满足群众需求;整合道教宫观资源,形成道教文化合力;推动对外文化交流,促进道教健康发展,响应"推动社会主义文化大发展大繁荣"号召,中国道协文化研究室以道教宫观为研究对象,推出"中国道教文化之旅"大型文化研究项目,把道教宫观文化承载的道教义理、建筑、绘画、生态等智慧和道教生动感人的故事展现出来,通过一座座宫观的文化之旅,探索发现出道教许多不为人知的价值内涵,从而彰显道教的人文精神。这样可以向社会人群提供优秀的道教精神产品、凸现道教文化魅力、创造良好的社会效益。从而提升道教形象,扩大道教影响,增强道教的亲和力,为构建和谐社会

作出积极有益的贡献。

感谢国家宗教局领导对《中国道教文化之旅》的大力支持，感谢各省道教协会、各宫观高道大德的积极参与，感谢今日集成广告有限公司张东升先生的热情襄助，感谢华夏出版社编辑的辛苦付出。我相信，道教文化的魅力与人文精神一定会通过本套丛书的出版而弘大显扬。

张继禹

2011年1月谨识于北京

# 目　录

## 刘祖开山肇道业 / 1
　　饱经战乱　求安出关 / 2
　　遁入玄门　祈雨救民 / 6
　　身居古洞　苦志参玄 / 11
　　创无量观　阐教弘道 / 14

## 东来紫氣集大观 / 17
　　峰峻冈峭　天险台静 / 18
　　奇松异石　福地洞天 / 36
　　天造神设　布局有序 / 51
　　宝塔林立　辉映生光 / 60

## 教滋醒世清凉散 / 65
　　名誉京城　科场失意 / 66
　　看破红尘　出家入道 / 69
　　修真养性　清静无为 / 73
　　诗怀清雅　怡情醒世 / 75

## 葛公济世笔生花 / 81
　　天资聪慧　弃俗入道 / 82
　　开坛演戒　弘道兴教 / 87
　　尽心庙务　兴学办厂 / 90
　　挥毫泼墨　赈灾济民 / 92

## 道门楷模许大师 / 95
  心系大道　承续道脉 / 96
  庄严道场　紫氣重辉 / 99
  开创东阁　古观中兴 / 103
  纯正教风　广结善缘 / 106

## 传承文化开奇葩 / 109
  跨涧攀峰　撰志修史 / 110
  史留华夏　爱国惠乡 / 113
  挖掘道乐　组建乐团 / 115
  东北奇葩　音震华夏 / 118

## 钟灵毓秀聚才子 / 121
  摩崖石刻　赏心悦目 / 122
  楹联匾额　画龙点睛 / 127
  诗歌游记　怡情抒怀 / 135
  金石铭书　咏古誉今 / 141

## 圣境沧桑传趣闻 / 147
  刘祖创建无量观 / 148
  令威化鹤巡辽东 / 153
  道人伏虎显神通 / 155
  仙翁对弈聚仙台 / 158
  唐王抖袍振衣冈 / 160
  三丰祖师游故里 / 162
  康乾二帝咏千山 / 164
  夹扁石阻恶扬善 / 168
  救命松化险为夷 / 171

## 老观逢春盛世花 / 175

兴道法神光普照 / 176
逛庙会天降福祉 / 180
喜迎三山五湖客 / 183
情结五洲四海缘 / 187

# 刘祖开山肇道业

无量观坐落在辽宁省千山名胜风景区的北部景区。始建于1667年,即清康熙六年,为千山道教的祖庭,是鞍山地区道教活动的中心和全国风景旅游的胜地。建筑风格庄严古朴,名胜景点星罗棋布。冠山抗殿与名山秀水掩映生辉,画栋雕梁同松涛泉韵相伴成趣。每日祥云缭绕,香客游人络绎不绝。春季桃红李艳,梨花芳菲;夏季绿树浓郁,莺歌燕舞;秋季硕果盈枝,层林尽染;冬季松青柏翠,玉树银花。四时的景色变幻无穷,山峦庙宇壮美多姿。人们步入其中,顿有超然物外,飘然醒俗之感,叫人流连忘返。真是无量圣境,洞天福地啊!当人们踏入无量观游览胜景的时候,自然就会联想到千山道教开山祖师刘太琳了……

# 饱经战乱　求安幽关

古代直隶省永平府临榆县，今属河北省山海关地区。它位于河北省东部，地处东北和华北经济区的结合部，环渤海经济区的中心地带。此地崇山峻岭，城台要塞，山环水绕，商贾云集，经济发达，交通便利，汇集了大江南北、关内关外我国各民族丰富多彩的民俗和文化。位于县内的山海关是明代万里长城东部起点的第一座重要关隘，在它的沿线上有大大小小上千座险关要隘，山海关居千关之首，古有"天下第一关"的美誉，山鸣谷应，钟灵毓秀，地灵人杰，人才辈出。1628年，即明崇祯元年，明朝最后一个皇帝朱由检登基继位。同年5月18日子时，千山无量观刘太琳祖师就诞生在这里。他对中国道教和千山历史文化产生了深远的影响。

刘太琳原名刘玉琳，出家为全真龙门派第九代弟子，排"太"字辈，所以道名称刘太琳。他出生在一个平民家庭，父亲习儒业商，精晓文墨。母亲娴德良善，知书达理，敬奉三宝。他生不茹荤，天资聪慧。幼年入社

◎ 无量观开山祖师刘太琳法像

学（私塾），学《弟子规》、《百家姓》、《千字文》，背诵如流。稍长入临榆书院，学习《四书》、《五经》、书法、算术，增长了学识。他广览群书，强记博闻，过目不忘，他对儒家、道家、释家的学说有较深的理解，对传统的中医学十分酷爱，且造诣颇深。他胸怀大志，卓识不群。家中把他视为珍宝，希望他走读书做官的道路，以求光宗耀祖。不幸的是明末清初的战乱毁了他们的愿望，把他们抛到逃亡的生活中。这种生活当然与明末皇帝朱由检执政有关。

◎ 明朝崇祯皇帝像

朱由检（1611—1644）即明毅宗，1628年至1644年在位。他在位期间，政治腐败，宦官弄权，冤杀忠臣良将。皇室官僚广占民田，横行乡里，赋役繁重，天灾流行，迫使百姓倾家荡产，背井离乡到处流亡，社会生产力受到严重的破坏，农民起义日益频繁。

1627年，即明天启七年，王二起义从西部开始，农民起义军活跃在陕晋两省。1633年，即明崇祯六年，农民起义军渡河南下，进入中原。第二年农民起义军进入四川。1639年，农民起义军达百万之众。1643年，即明崇祯十六年，李自成称新顺王于襄阳，张献忠称大西王于武昌，农民起义军占领南部、西部大部分地区，京城告急，战火烧到山海关。

在明朝江河日下之时，努尔哈赤（1559—1626）率建州女真族崛起。

1616年，即明万历四十四年，在赫图阿拉称汗，建立了奴隶制政权，国号大金，建元天命。1621年，即天命六年，建都东京（辽阳），九年迁都盛京（沈阳）。屡次向明朝用兵，战事直逼山海关。他的儿子皇太极（1592—1643）即清太宗，1626年，即天启六年继承大金汗位。1636年，即明崇祯九年，改大金为大清，称皇帝，年号崇德，并发兵占据辽东、辽西地区，与明廷对峙在山海关。明军士气低落，兵备松弛，清军常毁边城进入关内，烧杀掳掠，给山海关一带百姓带来了数不尽的灾难。

1644年，即明崇祯十七年正月，农民起义军首领李自成在西安建立了大顺政权，年号永昌。随后亲率百万大军渡过黄河，夺关斩将，3月18日攻下北京城。明毅宗朱由检在煤山（北京景山）寿皇亭上吊自杀，农民起义军取得了推翻明朝的胜利，明朝灭亡。4月中旬，李自成率军20万人攻打山海关。

吴三桂（1612—1678），明末任辽东总兵，封平西伯，驻防山海关，他

◎ 河北山海关

和清摄政王多尔衮拜天结盟，对抗李自成农民起义军。双方激战至中午，突然大风骤起，飞沙走石，咫尺难见，清军趁势从右翼杀出，在吴三桂和多尔衮两军夹击之下，李自成起义军惨败。随后，清军开进山海关。此时的山海关城墙破损，满目硝烟，横尸遍野。在战乱中百姓哭天嚎地，父子不能相顾，母女难以相携，进行生死逃亡。

1645年，即清顺治二年，刘太琳18岁，在山海关无法生活，如果待下去不是被杀死，就是被饿死。一天夜晚，他背着母亲，搀扶着父亲，随着逃难的人群从城墙缺口闯出山海关，进入辽东地区谋生。

◎ 努尔哈赤像

## 遁入玄门　祈雨救民

刘太琳搀扶父亲母亲和难民一起从炮火撕开的长城缺口闯出山海关，一路讨饭，饥寒交迫，几经周折辗转，流亡到本溪县敬谨亲王王府庄园。

明末清军占领辽东地区，大部分汉族地主、官绅和富商或逃亡关内，或死于战乱。扔下了大量无主的田宅，无人居住，无人耕种，哀鸿遍野，杂草丛生，辽东大地一片荒凉。敬谨亲王，姓爱新觉罗，属于皇族。他派府内恶奴在本溪县跑马圈地，把这些无主的土地、宅院占为己有，在本溪建成最大的庄园。他们强迁大规模屠杀后剩余的汉人和流亡出关的难民，把他们掠入庄园，迫为奴仆，在庄园中当牛做马耕种田地。刘太琳一家和难民们一起被编入庄园，成为农奴户。他的父母由于逃亡中晓行夜宿一路劳苦，双双病倒。进入本溪敬谨亲王的庄园后，受不了繁重的劳役，不几年就先后过世。刘太琳安葬了父母，在坟地搭个草屋，守孝三年后，已由少年进入到成年。

刘太琳从小受父母信仰熏陶，"崇老庄无为清静之道，尚道家长生久视之法"。父母离世之后，刘太琳心无挂碍，看淡世事，看破红尘，弃俗入道，入本溪九顶铁刹山拜在全真龙门派第九代方丈大律师郭守真门下，随恩师郭守真祖师在八宝云光洞修行。

九顶铁刹山坐落在辽宁省本溪县（今本溪满族自治县南甸镇）境内，是长白山余脉，方圆二十余里。山势险峻，峰峦叠翠，气势雄伟，古木参天，洞穴幽深，风景秀丽。有五座山峰：东峰玉皇顶，西峰太上顶，南峰灵宝顶，北峰真武顶，中峰原始顶。从东、南、北三面仰视，均可望见三座山的峰顶，道家取其三三合而为九，故名九顶铁刹山。其主峰高912.9米，直矗云霄。峰前，太子河水奔流不息。峰后，与绵延四百里的群山相连。九顶铁刹山为东北道教的发祥地，山中藏有许多古洞，有云光洞、天桥洞、乾坤洞、日光洞、风月洞、悬石洞、郭祖洞、三仙洞。其中以云光洞最负盛名。

云光洞为天然石洞，洞斜向上，洞口高5米，洞内高9米，洞尾高7米，进深30米，宽7至10米。洞藏"八宝"：定风神珠、寿星石、石虎、石龙、石蟾蜍、石仙床、石莲盆、石木鱼。均是钟乳石自然天成，神态栩栩如生。洞门刻有"九顶铁刹山八宝云光洞"十个大字，醒人眼目。洞口经常云雾缭绕，洞内滴水声响成韵，宛如仙乐，冬暖夏凉，清爽宜人。神话中传载：约公元前16世纪（商代大丁年间），李辉，曾在此修道。静坐面壁，不食不饥，眉长数尺，人称长眉李大仙。《封神演义》中称他为度厄真人。虽经历代沧桑，至今尚存《长眉李大仙碑》。1630年，即明崇祯三年道教龙门派第八代祖师郭守真大真人在此洞熏修守静，收徒传道，开创东北地区道教全真派的先河。

◎ 本溪铁刹山八宝云光洞

道教是我国土生土长的本土宗教,由张道陵于东汉顺帝时(125—144)创建于四川鹤鸣山。早在唐代以前就传入辽东、辽西地区。1167年,即金大定七年,王重阳真人到山东宁海立全真庵,开北宗一派,全真一名由此而起。王重阳祖师主张三教(儒、释、道)合一,全真道士奉诵《道德经》、《孝经》、《心经》,不娶妻室,不茹荤腥,为出家道士。他的弟子邱处机(1148—1227),在陕西陇县龙门洞潜修,成道后创立龙门派。下传:"道德通玄静,真常守太清,一阳来复本,合教永圆明。至理宗诚信,崇高嗣法兴,世景荣惟懋,希微衍自宁,谓修正仁义,超升云会登,大妙中黄贵,圣体全用功,虚空乾坤秀,金木性相逢,山海龙虎交,莲开现宝新,行满丹书诏,月盈祥光生,万古续仙号,三界都是亲"等百字派谱。1188年,即金大定二十八年,金世宗召见邱处机,成为高功法师。1222年,即金兴定六年,邱处机应召在雪山拜见成吉思汗,奉答垂询。第二年,成吉思汗赐邱处机长春神仙号,命令他掌管天下道教,并赐如朕亲临虎头金牌。他返回燕京,广建宫观,弘法度人,全真教龙门派此时达到鼎盛时期。由邱处机开始代代相传,经任道安、郭德真、周通乾、司玄乐、李静一、宋真空、李常明,至郭守真为第八代传人。

郭守真(1606—1708)字致虚,号静阳子,江苏省丹阳县定远村人。他幼时天资慧敏,喜爱读书,过目不忘,尊崇儒家学说,通晓道教、佛教经典。稍长不慕名利,立志隐居修行。1630年,即明崇祯三年,他求道访友

◎ 郭守真祖师像

来到辽东，在本溪九顶铁刹山八宝云光洞修行。他淡静苦修十七年，没能得到修道的真谛，自己认为是因为没有得到明师的开示。便于1647年，即清顺治四年，下山寻师访道。他走遍名山大川，拜谒求教诸山仙长、洞府高真，受益匪浅。1649年，即清顺治六年，他到山东即墨县马鞍山聚仙宫拜见龙门第七代传人紫气真人李常明，李真人对他进行多方面考查，见他言行谨慎，慧根俱足，纳为弟子，并授以性命要诀、全真秘旨，他虔心静修，顿悟大道，直达清静之境，无为之乡。1656年，即清顺治十三年，他到北京拜见白云观方丈王常月。王常月原名王平，道号昆阳子，人称昆阳真人，山西潞安长治县人。他是全真龙门派第七代律师，先后在北京白云观，南京隐仙庵和湖北武当山等地开坛演戒。使得全真教人才辈出，道教一洗二百年的萧条境况，呈现一派蓬勃兴旺的气象，后世称他为全真龙门中兴之祖。王常月真人考查郭守真言行清静，为他受戒。他从王真人领受龙门心法，受戒圆满。复归本溪九顶铁刹山八宝云光洞持戒熏修，弘法阐教。1663年，即清康熙二年春，吉祥之日，紫气氤氲，祥云缭绕，道乐悠扬，经声嘹亮，郭守真祖师端坐高台，为王太祥、王太兴、高太悟、刘太琳、赵太源、傅太元、沈太宗、邱太庸等弟子举行冠巾仪式，给他们宣讲龙门戒律，收他们为全真龙门派第九代弟子。刘太琳是他的第四大弟子，澄心定意、与物无私、谦和诚朴、学问博深、办事干练，深得郭守真祖师的喜爱和器重。

不久，辽东地区大旱，禾苗枯焦，百姓叫苦连天。时任盛京将军乌库礼，是辽东地区长官，关心百姓疾苦，四处礼请高士祈雨救灾。他听说九顶铁刹山八宝云光洞郭守真祖师道行高深，派人登山入洞拜请郭祖师为民禳灾。郭祖师欣然同意，带领刘太琳等高徒前往盛京（今沈阳）。乌库礼将军亲自接见他，问他需要什么条件？他说为表虔诚，自己要戒斋三天。让乌将军命人在盛京西北郊搭起高台。求雨之日，天气炎热，万里无云，万民空巷，纷纷赶至高台之下观看郭祖师祈雨。只见祭台有序，彩旗高扬，八大弟子分立左右，中置宣德大香炉。郭守真祖师整衣登坛，焚香礼拜，祭天祭地，诵经祷告。忽然东南风骤起，瞬间电闪雷鸣，天降甘霖。法雨滋润，辽东大地禾苗得救，万民欢呼。乌将军十分高兴，给他金银酬谢，他分文不取。乌库礼将军被郭祖高尚的道德修养和高深的道法所折服，为表示诚信敬道，带领文武官员礼郭祖为师。为了能够经常听到教诲，决定将郭祖留在盛京，为此专门划地拨款，特建道观一座。刘太琳随师留在盛京，早晚诵经，白天指挥土木施工，历经三个寒暑，大殿、玉皇阁、关帝殿、客堂、斋堂建成。大殿中央供奉老子，左右为孔子与释迦牟尼配像。昭示全真道教最初"三教合一"的宗旨，定名为三教堂。发展到1810年，即清嘉庆十五年，殿宇达88楹，成为东北道教第一丛林。

　　刘太琳随师参加建筑三教堂三年，已经39岁，在堂内朝夕礼诵，参玄悟道，修为日深。郭祖师见他心诚意坚将龙门心法倾囊相授。一日，郭祖师将他唤到床前，语重心长地说："我昨日夜仰观天象，遥见东南之千朵莲花山毫光万丈，紫气氤氲。此乃天降祥瑞，应运而生，道兴北方之时俱矣，此山日后必将成为我东北道教之中流砥柱也。你入玄门已多年，尽得龙门之心法、全真之秘旨，我观你天资聪慧，宅心仁厚，堪当兴教重任。我决定派你去千朵莲花山开辟道场，立观度人，建庙弘道。你此去立观弘道，责任重大，虽有艰辛，定有贵人相助，一定会将道教发扬光大。"他向恩师表示：绝不辜负老师的重托，谨遵师命，一定要在千山弘扬道教，光大龙门。他拜别恩师，径往千山而去。

# 身居古洞　苦志参玄

千山，又名千华山，千朵莲花山。系长白山支脉，为辽河与鸭绿江的分水岭，是辽东半岛的脊梁。千山景区位于辽宁省辽阳城南30公里，鞍山市东南25公里处。行政区划分原属辽阳管辖，1949年8月划归鞍山市。占地面积44平方公里，千峰起伏，层峦叠翠，岩松古柏，挺拔峻秀，奇石林立，鸟语花香，有古寺庙三十多座，点缀在千峰万壑之中。早在北魏时期宗教就进入山中，唐代建有龙泉、祖越、中会、香岩、大安等五大禅寺，辽金时期达到鼎盛。1304年，即元大德八年，辽阳《义勇武安王庙碑》所记："千山南峙，如列剑槊。"有了"千山"称谓。明代或明代以前道教已传入千山，著名的仙人台为千山景区的主峰，海拔703.3米，上面刻有明代道教仙人对弈像遗迹。

刘太琳风尘仆仆来到千山，起初挂单于龙泉寺、中会寺、大安寺等禅林，数月间，为择立观之地踏遍千山万壑。后于养静之时，得神人指点，见振衣冈周边峰峻、石峭、松青、柏翠、泉清，十分幽静，认定是清修的

◎ 千山全貌

◎ 无量观罗汉洞南口

洞天福地，于是就在祖越寺挂单客居。暗下决心，在此地建观弘道。他早晚打坐念经，白天四处化缘募资。他的意图被祖越寺僧人看出，并报告了长老，不料长老不但没有丝毫异议，反而说服了寺院众僧，还想方设法帮助刘太琳祖师创建道观。为了方便施工，特意将刘太琳祖师安排到罗汉洞居住。

罗汉洞，系天然石洞，南北贯通，又经后人相继开发，形成奇妙的景观，别有洞天。洞长16.7米，分南北两极。洞南段长5.2米，宽4米，高3.8米。洞北段地势略高，10级台阶上有楄门，洞长7.5米，宽4米，高3.4米。洞中正位奉祀观音菩萨像，手执净瓶，面带慈祥。东西两侧塑十八罗汉坐像，坐仰笑怒体态离奇，令人神悚。刘太琳祖师打草成席在洞南角安住下来。日间带领工匠们兴建道观，有时也到山下为百姓治病疗伤。晚间在洞内澄心静坐，参玄悟道。

后来，刘太琳祖师在其俗家师弟乌库礼将军和四众善信的鼎力支持下，很快建成西阁慈云殿和老君殿。乌库礼将军又在沙河购买良田四十余公顷作为供养道观生活之用，刘太琳祖师为报答祖越寺长老无私帮助，将四十余公顷良田奉送给祖越寺。祖越寺长老坚辞不受，见刘太琳祖师出于挚诚，

只好收下这份厚礼，后在此地建灵山寺，为祖越寺下院。祖越寺长老为答谢刘祖赠地之谊，又因兴建道观之时，刘祖曾一度居住在罗汉洞内修持，故将罗汉洞奉归无量观。后来刘祖为了纪念这段殊胜因缘，亲书"释道同源"四个浑厚有力的大字，至今仍镌刻在罗汉洞的南门之上。

# 创无量观　阐教弘道

　　1677年，即清康熙十六年，在乌将军和祖越寺僧众及四方善信的大力支持下，刘太琳祖师庀工鸠财，栉风沐雨率众兴建道观。先后建起三官殿、老君殿、慈云殿，并重修罗汉洞。1702年，即清康熙四十一年，工程方才圆满告竣。在为道观命名时，他深有感触地说："太上慈悲，设教度人，我誓愿以无量的道法、无量的智慧普度无量的众生为己任，就叫无量观吧。"上元赐福天官、中元救罪地官、下元解厄水官像在三官殿庄严升座，太清道德天尊、玉清元始天尊、上清灵宝天尊圣像在老君殿庄严升座，圆通自在

◎ 远眺无量观三官殿

◎ 道长们在祭拜祖师

天尊、眼光娘娘、子孙娘娘圣像在观音阁中庄严升座。重塑罗汉洞中十八罗汉像，或立或坐，或俯或仰，活泼自然。刘太琳亲书"释道同源"四个大字，说明佛教和道教有着相同的渊源，表达对祖越寺僧众的感谢和亲善。1678年，即清康熙十七年，刘太琳道长亲自主持创建玄真观，为无量观下院，安置师兄王太祥在那焚修弘道。

刘太琳祖师先后度张清秀、刘清连、王清祥、常清贞、刘清正、王清聚、王清辉、宋清远、崔清玉等为弟子，又派他们往各处创建宫观，传承道教。先后衍生洪谷庵、普安观、南泉庵、三清观、太和宫、凤朝观、圆通观、双泉观、慈祥观、五龙宫、青云观、朝阳宫、宝泉宫、太安宫、天宝宫、圣清宫。创建玄真观、鎏金庵、武圣观、白云观和晏清宫等下院。他的弟子近在辽东沿海地区，远在古都西安创建了许多宫观。千山道教得到发扬光大，弟子遍布天下。无量观是千山道教祖庭，尊刘太琳为千山道教的开山祖师。

刘太琳祖师历经明代崇祯、清代顺治、康熙、雍正四代帝王在位时期，至乾隆初年已有一百多岁。他立弟子刘清正任监院，自己隐居静养，焚香精修，含笑羽化。弟子们在老观前为他建塔，高 7.9 米，千山粗粒花岗岩砌筑，六棱七级石塔。刘太琳羽化端坐，藏蜕其中，正面镌刻："开山祖师刘公<sup>上</sup>太<sup>下</sup>琳之墓。"至今三百余年保存完好，掩映在群山幽谷之中。游人绕塔瞻仰，信士虔心膜拜，已成为无量观景区一道亮丽的风景线。

# 东来紫气集大观

　　无量观自然景观优美,人文景观秀丽。数不清的自然景观与人文景观相映生辉,形成一派幽静古朴、典雅壮丽而神秘的天地。其境形势巍峨,群山怀抱,松柏遮覆。有奇异的山峰、林立的怪石、参天的松柏和银杏、古人开凿的石洞、明清开发的摩崖、众多的碑刻塔林,分布在峰崖谷壑间的殿宇建筑群与自然景色浑然一体。有的耸立于山巅,有的相倚于崖下,有的半悬于山涧之上,有的镶嵌于峭壁之中。就在一日间,早、午、晚景色也各不相同。天晴时,岚光缭绕;阴雨时,紫雾笼罩,犹如山在空中悬,人在云中游之仙境。殿阁在云上漂浮,云雾在殿阁下游动。一年四季景色也变化万千,春季梨花盛开,夏季林海成荫,秋季叶红遍山,冬季雪白似银。观中的风景名胜有五十多处,处处引人入胜,使人流连忘返。

## 峰峻风峭　天险合静

　　无量观群峰位于千山风景区的北部，山高峰奇，景观密集。大约四亿年前，这一带还是海洋，到古生代末，开始突起露出水面形成陆地。约六千万年前，由于地壳变迁，产生块状断裂，初步形成现在地貌的基本轮廓。在漫长的岁月中由于地壳运动球状分化和大自然风霜雨雪的精雕细刻，逐渐形成千山壮丽的风姿。无量观有诸多峻峰，有的峥嵘突兀，有的窈窕

◎ 无量观之秋

青翠。

　　莲花峰好似数朵莲花聚在一起，秀丽而壮观。它在无量观东北部，是无量观东山主峰，东、西、南面均为峭壁，北面与万岁峰相连接。峰头数石突起，相叠相倚，状如莲花。莲花峰名从清代康熙年间陈梦雷《游千山记》就有记载。由三官殿去老君殿路南有一石台，为游人观景台，台前悬崖上镌有"洞天"两字，为1931年山东刘谷如所书。象鼻峰形象逼真，在这里有三十三天、八步紧。八步紧上方岩壁上刻有"化险为夷"四个大字，是1926年海城陈兴亚所题。八步紧之上有夹扁

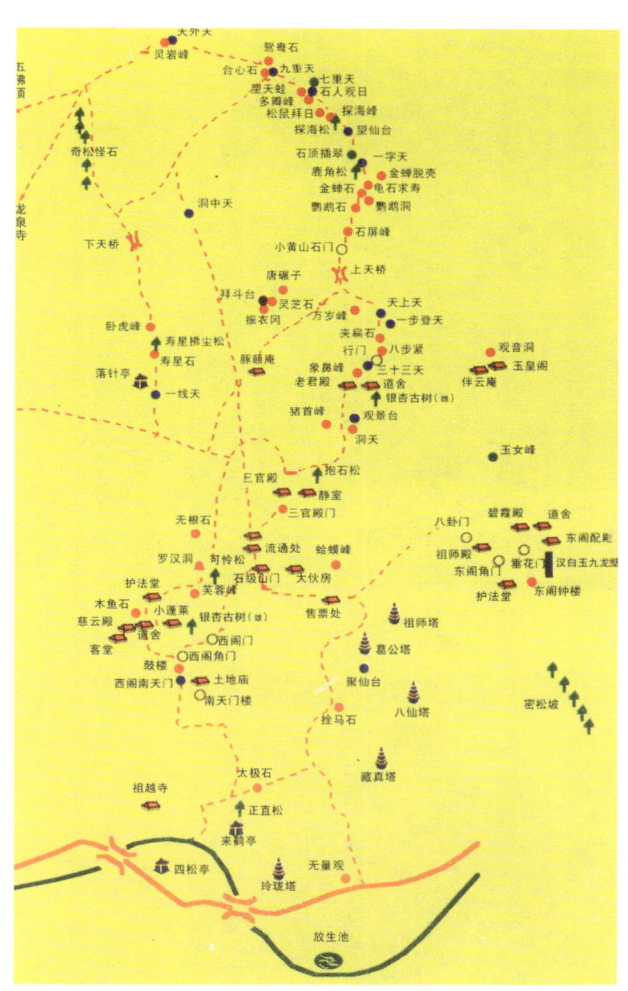

◎ 千山胜境无量观风景名胜区景点分布图

石，出夹扁石口是一石坪，面积约为八平方米，中间有一石窝，直径不足一尺，深不满五寸，名为小天池。雨后水满时，生有小鱼。其上有一步登天、天上天。天顶向东倾斜，陡而险，难以平立，西沿临悬崖，下为深谷，举目眺望，千山秀美的风光一览无余。莲花峰上洞天佳景云集，景观之多可为千山之首！

◎ 千山胜境无量观全貌

　　此峰可不一般呀，自古以来在这里就有一个神话传说流传着。在很久很久以前，这里是一片碧绿的湖水，靠湖边住着一户人家，老两口都年过半百了，只有一个女儿。说也奇怪，女儿降生那天，家门前的湖里长出一朵洁白的莲花，老两口就给女儿起名叫莲花。

　　姑娘长到十八岁，端庄秀丽，心灵手巧，能绣各种各样的花儿，蝴蝶飞舞，蜜蜂采粉。十里八村的姑娘们都慕名来求她教绣花的手艺。有一年，湖里的莲花又

◎ 莲花峰

开了,开得非常鲜艳,姑娘不忍心看着莲花凋谢,就用碧绿色的布整天在湖边绣莲花。她绣的莲花又鲜艳又美丽,比湖里的真花还要好看。没想到湖水和海水相通,惊动了海里的龙王。龙王变作老翁,他看到姑娘绣的莲花,大吃一惊,气急败坏地吹口法气,霎时间,狂风大作,把姑娘卷到空中去了。风雨交加,电闪雷鸣,眼前的情景叫人十分悲伤,绣好的荷花布飘落到湖中,布上的莲花立刻变成了千座山峰。风停雨住,太阳露面。人们从此就管此处叫作千朵莲花山了,因为在无量观的东面,有几座犹如几朵莲花并蒂的山峰,看上去美丽多姿,所以古人干脆就叫它为莲花峰了。

叠翠峰在莲花峰东北五十米,由上而下,岩峰层层,松树结成翠带环绕岩石丛生,远看松石相叠,颜色分明,峰名由此而得。叠翠峰为叠翠坡中间最大一峰。主峰头为突起的巨石柱,四面均为陡壁,峰顶岩石突露,形成多尖。各石间层次分明,上有松树数十棵,二峰相叠,成为一个体系,十分美丽,传说是莲花仙子绣的一朵并蒂双莲花。

◎ 叠翠峰

◎ 万岁峰

万岁峰在莲花峰北，与莲花峰顶"天上天"连接。西南、西、西北为峭壁，东是一座矮崖，北近上天桥。峰头东西长形。西崖端突出顶平，面积约为二十平方米。上有古老而矮小松树数株，名为崖头插翠。西南峭壁上刻有"毛主席万岁"五个大字。

这座山峰原来叫作"将军峰"，1894年，即清光绪二十年，10月24日，日军开始侵入中国边境，先锋不过二三十人偷渡平安河口，打响了侵略中国的第一枪。而拥兵数万奉命镇守边城的黑龙江将军依可唐阿，不敢恋战，闻风而逃，导致清军大败。第二年中日甲午战争结束后，在战争中曾有清军与日军转战海城、凤城一带，为掩饰在战争中败退的实情，冒功在此处刻下了"攻海攻凤，功亏一篑"八个字，是说他在中日甲午战争中攻取凤城、海城，已操胜券，只因清政府议和，才使他没有立功。其实是清军丢失海城，五次反攻，皆未成功，清政府被迫议和，割地赔款。依可唐阿无功可言，国人引为大耻。在日伪统治期间，日寇侵略者刮去原有文字，刻上"日满一心一德"六字，用以欺骗百姓，粉饰太平。在日伪统治期间，山河破碎，日月无光，人民在水深火热之中斗争了十四年。新中国成立后，1953年刮去罪恶的六个字，由鞍山市人民政府办公厅主任石轩题书镌刻上"毛主席万岁"五个鲜红的大字。中国人民当家做主人了！它刻注了广大人民的心声，记载了中国革命的丰功伟业。

多瓣峰在探海峰北侧，为老观北山主峰。峰头为南北长形峭壁，高二十余米，古松横生，巨石相叠。壁上刻有"七重天"三个大字。北上是鸡冠

◎ 多瓣峰

状岩石，上有十余条竖缝，将岩石分割成瓣状，刻有"九重天"三个大字。岩峰多瓣，亦由此而得名。峰顶西侧有一巨石，远看如蹲猴，是此峰最高点。峰头长有松树、栎树、丁香、白杜鹃等花木，景色清幽。

人都想修炼成仙得道，可是仙人也有思念人间生活的。传说当年王母娘娘举办蟠桃仙会，有一位仙人玉女思凡被谪人间，来到此处，观赏这里的洞天圣境，不知过了多少年，她就变成了这座美丽的山峰了。

玉女峰位于无量观玉皇顶南。西南、北是峭壁，东是缓坡，可以登峰顶。峰头分三级。北端是高耸的石林，这是与玉皇顶对峙的峰顶。南端稍低，为

◎ 玉女峰

一石坪,约五十平方米,滑如琢,上有数孔,夏季孔内积水,是早些年出家人以慈悲之心为飞禽、野兽饮水而开凿的,是老观一景。中间有一卧牛石,长约五米,平坦可登。从无量观大殿看去,状如丽体玉女侍立,峰名也就叫玉女峰了。

古人说:金童擎紫药,玉女献青莲。据传说凡是神仙所住的洞都叫洞天福地,里面都有得道的童男童女做侍奉,玉女本来是指仙女,后来作仙人的侍女,也叫玉女,所以玉女峰由此得名。

探海峰位于莲花峰西北,其峰东、西、南是陡壁,自西北向东南一排计有三个峰头,西北峰头为主峰,峰顶是一风化的花岗岩石,高四米多,长六米。中间和东南二峰头,均为突起的秃顶石桩,形状稀奇古怪。东南峰头崖下有一松,树龄达三百年以上,其干直径约八十厘米,主干贴峭壁向南平伸,然后分成两支干,一干贴峭壁拔起,与峰顶平,名为探峰。另一干顺陡坡向下伸去,大有探海之势,名为探海,又称探海松,探海峰以此而得名。

◎ 探海峰

◎ 灵岩峰

    灵岩峰在多瓣峰西,为西阁北山主峰。峰头呈拱状,东西长数十米,而南北窄不足五米。相传旧时此岩峰有神奇的功能,游人每到千山都到这里来观赏它。峰顶上刻有"天外天"三个大字。天,以玄为义,取其自然。无量观圣境以天命名的景观很多,古人讲天外有天,所以这里也就是天外之天了。登上峰顶,视野开阔,南望千山中部诸峰,近瞰无量观、祖越寺、龙泉诸谷,北眺鞍山、辽阳胜境,开阔壮观,真是让人心旷神怡呀!

    卧虎峰在芙蓉峰西北,即一线天之上,此峰四面皆是陡壁,峰头有二顶,北顶稍高,呈椭圆状上有数棵苍劲古松,南顶稍低,南北长

◎ 卧虎峰

形，花岗岩体，刻有"卧虎峰"三字。由东向西看去，峰形如卧虎，头南身北，口眼毕肖，气势雄伟，天然奇特。特别是从西南方向眺望此处更像一只凶猛的老虎。提起老虎来，虎虎生威，可真叫人害怕，因为猛虎是要吃人的啊！传说在古代这里有只老虎，可是从不伤人，有道性，天天、月月、年年在此护卫着这老观。一山不容二虎，传说虎能驱邪避灾。古人把虎列为十二生肖之一，因为一日三点到五点为寅时，人出生的时候，老虎能置人于死地，寅时又有敬畏之义，所以老虎在十二生肖中居第三位。古往今来，人们根据老虎的特点，创造了不少与虎有关联的文化，如形容盛仪庄重，说"虎步龙行"；形容人体魁梧，说"虎背熊腰"；对儿童健康憨厚，说"虎头虎脑"；还有"虎视眈眈"、"虎头蛇尾"、"虎口拔牙"、"狐假虎威"等等。自古到今，很多的文人墨客和游人都慕名而来观看卧虎峰的雄姿。

芙蓉峰在无量观大殿西南，西阁的北侧，其东、东南和北面是峭壁，东峭壁下方刻有"青山不老"、"道岸先登"几个大字，西北与卧虎峰南坡相连接。峰顶巨石棱出，呈椭圆状，近似莲花瓣，遥望若出水芙蓉，故称"芙蓉峰"。

◎ 芙蓉峰

人头峰位于卧虎峰北山腰南下方，呈赤露岩石，顶端现小平台，上突起一石柱，远看椭圆状，半面南向有鼻、嘴、下颌，好像人的头，所以人们叫它人头峰。游山的人都要到此来仔细观察这个神奇的人头峰！

◎ 蛤蟆峰

狮子峰在无量观斋堂西北隅，又名狮子回头。酷似猛狮蹲伏其间，苍苔盖顶，卷曲如毛，圆石如眼，裂罅如张吻。疾风骤至，如狂吼一般。传说它降生于此处，也是上天安排它日夜守护着老观这块胜地。

虾蟆峰又名"蛤蟆峰"，位于无量观斋堂大厨房东面陡壁下。石峰平地而起，高两米，如同虾蟆面南而蹲，嘴、鼻清晰，如作鸣状，惟妙惟肖。

猪首峰坐落于无量观老君殿前面路旁的地方，峰与地下岩石连接，从岩壁上伸出一个猪头，顶部上向南突出一棱角，峰上刻有"猪首峰"三个大字。峰南向作细长形，由东侧面观之，极像猪头，嘴伸如欲嚼的动态，所以以前人叫它猪嘴峰。后来人们认为猪嘴不清洁，叫这个名字不雅，故叫猪首峰了。对于猪来说，人们都见过，有好多品种，但是人们往往都不在意，可是猪

◎ 猪首峰

对于人类来说是十分珍贵的动物。不仅猪的全身都是宝,就是人们的十二生肖也离不开猪的形象,而且是压轴的最后一个。每一天的时辰从二十一点到二十三点为亥时,古人传这个时辰是天地间浸入一片混沌的时候,覆盖着世间万物,而猪是吃混沌食物的,所以把猪列为生肖最后一个。游人路经猪首峰时,对这个憨厚的相貌,寓意富贵的猪头,都自然地伸手摸一摸它。猪是人类离不开的生灵,也创造了不少词汇文化,如"猪倌"、"猪苓"等。

振衣冈在无量观三官殿北面,雄伟壮观,在冈的南、东、西三面是悬崖峭壁,北面是陡壁,中间有阶梯小径可通冈顶。顶长形,东西长约二十余米,南北宽约三米,四周沿崖用石砌起,以土垫为平台。古时峰顶有茅庵,道人在此修身养性,礼斗朝真。其庵早已荒废,现在仅留遗址和石碾盘。唐太宗征东时驻跸千山,曾登上此冈,观景望山,一阵风吹来抖动战

◎ 振衣冈

袍，同时想到古诗佳句："振衣千仞冈，濯足万里流。"由此而名"振衣冈"。冈之南侧，是悬崖如刀削，摩崖擘书苍润雄浑，旁边刻有明代隆庆四年浙人向程题书"振衣冈"三字。振衣冈自然景色极美，北靠古松成林的拜斗台，古代道人在此拜斗。这斗就是北斗，在北方有七星聚成斗形，道教也称天罡，它就是今天所说的大熊星座那七颗较亮的星啊！在东面是景色奇妙的莲花峰、万岁峰、玉皇顶。西是美如仙境的卧虎峰、寿星石、一线天。脚下是嵌于壑谷松涛的老庙宇、古塔、阶石游径，景色幽雅。站在振衣冈上，真是无限风光在险冈啊！

　　无量观是三十六洞天之外的洞天，这里洞多天也多，数一数有11个天。

　　一线天在无量观西阁北山卧虎峰下，是地壳运动时期造成的岩石断裂罅缝。罅长三十二米，宽不足一米，深十余米，底地陡，铺设138级条形石阶。置身罅缝中，仰首而望，则两侧悬崖凌空，中间蓝天一线。在一线天上端空中夹一巨石，势欲坠，令人生畏。传说那是当年莲花仙子绣千山时，掉落的一根针。一线天的下端是巨象峰和通向无量观的九曲石径。在一线天之上还有落针亭、寿星石及卧虎峰等景观，真可谓无限胜境在此间啊！

　　三十三天由老君殿拾阶而上，过象鼻峰，在八步紧、天门（行门）之下峭谷中。原有石阶33级，恰于道经所载三十三天相吻合，故名三十三天。道教天界的三十三天，它是指东

◎ 一线天

◎ 三十三天

方八天、南方八天、西方八天、北方八天，再加上最高的大罗天，共三十三天。这里三十三个石阶，陡险，一步一层天，是登上玉皇阁、一步登天的必经之路。

一步登天在玉皇阁北面八步紧、夹扁石之上，天上天之下，有圆形巨石，昔日游人一脚蹬石边树，一步飞上。今石在树无，在石边置有铁环，游人握环一步登上，故曰一步登天。上可坐数人，其境甚为陡险。

◎ 一步登天

◎ 天上天

　　天上天在一步登天之上,是无量观观看日出最好的地方。其境极险,令人胆寒。古人上天上天时,从一步登天处攀援救命松而上,今松已不在,为了游人安全,已安装栏杆。登临此处,顿觉心胸开阔,远眺苍莽群山,似海浪澎湃汹涌,俯视无量观全貌,尽收眼底。站此处融于大自然之中,白云牵衣,山风拂面,十分畅快。

　　一字天在鹦鹉洞北山峰南侧陡壁中,是地壳运动时期造成的一断裂罅缝,长三十余米,最宽处0.7米,最窄处0.4米。1982年对罅缝进行了清理,挖出积土和石头,铺修63级条形石阶至峰顶。置身其中,

◎ 一字天

仰首蓝天，呈"一"字形晴空，故名一字天。一字天之下是松林、奇石，其上在赤裸的岩面上生长十几株古老而矮小的苍松，名为石顶插翠。

七重天在探海峰北侧多瓣峰上，此峰系无量观北山主峰。峰头南北长形峭壁，巨石相叠，虬松横生，奇景异观展现游人眼前。峭壁上刻有"七重天"三个大字。

◎ 七重天

九重天在多瓣峰上，由七重天上，便见鸡冠形岩石。石上有十余条竖缝，将岩石割成瓣状，刻有"九重天"三个大字。

天外天在西阁北山主峰的灵岩峰上，峰头呈拱状，东西长数十米，南北窄不足五米，峰顶石上镌有"天外天"三个大字。奇松异石相互映衬，景观独树一帜。为什么叫天外天呢？人们常说，天上有天，地下有地。浩瀚的天空，其大无边，道

◎ 九重天

◎ 天外天

长们讲：天上天有一个神仙居住在仙境叫天中天，天外天大概就是在天外边的天了。这里的景观是在诸天景观的上边，在观北最高处。

台，在人们的心目中，往往指的是高大而平的高台，如瞭望台、烽火台、塔台等。无量观胜境中的台可都是鬼斧神工大自然造就的天然形成的台。在无量观风景区内就有四个台。

聚仙台在无量观葛公塔前，有一花岗岩巨石，粗粒花岗岩质，高约六米，顶平，幽静清雅。巨石前崖峭壁镌有"聚仙台"三个大字，系清末沈阳太清宫方丈葛月潭所题。此台在建葛月潭墓塔时，将石

◎ 聚仙台

◎ 望仙台

北半嵌于塔基下。在石顶四周用石条、石柱圈围，中间修建一个圆石桌，桌周设石墩6个。相传昔日有群仙至此聚会，其名从道光年间就叫开了。清智光道人郭永慧在《聚仙台》诗中写道："纵步仙台眼界宽，山间昼永足盘桓。倦时一枕羲皇梦，不羡严陵七里滩。"这里，不光是仙人喜欢，就是游人到此一坐，也是心爽气朗，亦有欲仙之感呢。

望仙台位于一线天石顶插翠之上，有峻石凌空的峰台，上面刻有"望仙台"三个大字。传说古时候有人在此兴致勃勃地观看千朵莲花山的胜境，盼望能看到仙人丁令威化鹤归来，落在华表柱上的情景，自己也梦想成为仙人飞腾升天。后人就把此处叫作望仙台了。

拜斗台在振衣冈北高峰巅，系清代建筑，有二峰头，极为险峻，怪石林立、古松横生。东峰头由悬崖拔起，直上直下，四面无倚，昔日无量观道士在峰顶沿崖砌石筑墙，充填沙土，将峰顶修成台状，每至中夜道士登上礼星拜斗。此处幽僻高深，人迹罕至，到此有飘飘欲仙之感，称之为拜斗台。

观景台顾名思义这里就是观赏风景的地方。观景台不是今天起的名字，是自古以来人们叫出来的，它位于莲花峰的半山腰，在老君殿前有一个巨

石形成的平台，在这里可以将西阁、三官殿、山门等景观一收眼底。旧时无量观的庙产都放在西阁存放，因土匪时常出入，为了防盗现这里设了一个观望台，有人专门在此瞭望保护庙产。新中国成立后，在此开辟为观景台，供游人到此观景，摄影留念。

# 奇松异石　　福地洞天

　　无量观怪石横生，千姿百态，大大小小亦是奇观，有以象形，有以会声，有以寓意，冠以名称。无量观有九大奇石。

　　太极石位于无量观去祖越寺的山冈上的林间甬路旁，有一浑圆巨石，周径近三米。巨石的南端倒刻遒劲的"太极石"三个大字，旁刻"道光二年六月二十四日翻身"。太极是道教的专用语，道教认为太极是由道所化生，是天地未分之前的原始混沌之气，天地始于太极，它是分化天地万物宇宙的本体。可见道长命名这巨大的圆石为太极石，其文化内涵也是深远

◎ 太极石

◎ 拴马石

的。明嘉靖御史程启充在《游千山记》中就有"抵祖越寺，循东山，拊太极石，入岩洞"的描写。传说，太极石原是一巨石，在乾隆年间修建无量观西阁钟楼外墙时，因雨水冲刷太极石翻落，被一松树挡住。道光二年，松倒石落，字倒悬。众人说这石60年翻身一次，是道人根据太极的理论推演的，象征阴阳八卦六十甲子为一周天。因雨水冲刷，石根土剥，是年久自然翻转的。

　　拴马石在太极石东北部，从老观沟口向无量观山门上行，有一条花岗岩石铺筑的石阶小路，顺山势上行便见拴马石。石上刻有"拴马石"三个大字。石质系花岗岩，高不到2米，上尖下粗，天然生成，古人在石顶端凿透孔，用于拴马。拴马石不是平民百姓用的，古时达官贵人朝山览胜多是骑马坐轿，为表达虔诚对神的敬仰，无论官儿大小，都得到此处下马落轿，徒步上山，以表示对神灵的崇敬。

　　木鱼石在西阁后、罗汉洞前，小径之西巨石旁有一平坦处，敲之若空，其声恰似木鱼声，人们就叫它"木鱼石"了。清初，相传刘太琳祖师师弟

◎ 木鱼石

乌将军游此，以手杖触之，发出木鱼般空空之声，感到神奇而名之。游人至此，多用石敲打听其木鱼声，石上已敲出无数个小坑，石上刻有"木鱼石"三字。当代电视剧《木鱼石的传说》中，清仁宗颙琰为太子时在恩师王尔烈指引下寻找灵石，到过这里。王尔烈（1727—1801），字君武，号遥峰，又名仲方，辽阳人。他出生在官宦家庭，从小聪慧，性情纯静，勤奋好学，17岁时，拜海城拔贡刘广涛为师在千山无量观西阁读书。1771年，即乾隆三十六年，中进士。历任翰林院编修、内阁侍读学士、大理寺少卿。其文章书法闻名于乾隆、嘉庆年间。他写了许多千山诗联，景情相融，画在诗联中，人在诗画中。其《同游千山诗录》赞颂了无量观风光，抒发了对大自然热爱的感情，是诗中不可多得的一枝奇葩。

　　无根石，人们提起它来，都有疑惑的感觉。是地上生的，还是天上掉下来的？感到它很神奇。无根石位于罗汉洞的顶端，芙蓉峰的上面。巨石状似巨瓶，无根无靠，犹如天外飞来浮置其上。高约三米，上刻有"无根石"三个大字。石下有三块小石支撑，摇摇欲坠，迎风顶云似乎在摇晃摆

◎ 无根石

动，历经多年，其状如故。清咸丰年间无量观道士郭永慧诗说："凌空拔地累然存，拟向南宫细讨论。底是峥嵘奇怪石，也同芝草竟无根。"清前，此石叫净瓶石，清乾隆进士陈梦雷在《游千山记》中记载："洞上有石如瓶，号曰净瓶。"后易名"无根石"。传说是女娲补天掉落下来的飞石，当然是真是假只有苍天知晓。

寿星石在卧虎峰南侧下方峭壁上，站着一个如同老人和一个小孩的两块巨石，它们在此屹立也不知有多少年了。人们看他像南极仙翁和小童子一样，就都管它叫"寿星老"，后因是石头就都管它叫寿星石了。寿星石是两个石柱，高者三米左右，为石峰风化剥蚀而成。上端小而向前突出，下长而宽，由东北看去，就像南极寿星雕像。旁有小石柱，名为童子。石北是陡壁，南是悬崖，旁边有以人工修凿的石径，装有铁栏杆，上达卧虎峰，下通一线天。石西侧与石相连一长形平台，上有一株古松，干曲枝

◎ 寿星石

横,风摇婆娑,就像是仙童手里拿着的一把浮尘,前人管此松叫作浮尘松。石松相倚并列,各显风姿,自然构成一幅寿星古松图。此景也称"老子传道",形象逼真,游人观后无不拍手称奇。

栽松石,石头里真的能长出松树吗?真可谓是一件奇事,就在无量观月牙井东,石高数米,上小下大,形状如锅帽。西壁有4个自然形成的小孔,有两个人工凿成的大孔,还有数条石缝。清乾隆年间以来,道人常在石孔和石缝中种松和栽松,可是种子不出苗,栽苗不成活。天长日久,道人称此石为栽松石。其名叫了不知有多少年,有一年在石头顶上自己长出一株小松树,枝繁叶茂,翠盖盈顶,似人工镶嵌一般,令人喜欢。当然,万物有生即有灭,此松现在已经不存在了,只有栽松石仍然屹立在那里,向人们倾吐往日的奇观。

夹扁石在三十三天上端北侧,奇峰峻峭异常,崖边风化侵蚀微凹,攀登夹扁石时，必须攀登八步才能上夹扁石。此石系天然巨石堆垒而成。巨石高十余米，两石之间，天然形成一罅缝，长4米，高3米，上宽下窄，两壁平坦，恰似鬼斧神工之作。从罅缝穿过，可达峰顶。清时叫夹缝石、透明石，民国年间称为夹扁石。古代传说这里非常神奇，游人无论男女老少，或胖或瘦，只要是好人，不做坏事，统统都能过去；如果是做了坏事的人，就是再小再瘦也过不去。为此，男女老少只要是好人，都愿到此处让夹扁石夹过一遍，并以此为乐；而做了坏事的人，却往往望而生畏，就止步不前了。

鹦鹉石在石屏峰之上，鹦鹉洞的旁边。由天桥北上，到鹦鹉石洞，洞旁有一石，高四米有余，其形恰似鹦鹉昂首翘立。巨石侧面突出一小块尖形如鸟嘴，下面呈椭圆形如鸟身，栩栩如生，十分自然逼真，胜似人工雕

◎ 夹扁石

◎ 鹦鹉石

塑,上镌"鹦鹉石"三字,这是无量观唯一以鸟命名的景观。石周围有古松数株,劲枝翠叶盘顶,古根与景石相映争辉,看的人无不赞叹这大自然的造化之工。

鹦鹉是一种很神奇的鸟儿,又叫鹦哥,羽毛有红、黄、绿、蓝、赤白等颜色,最好辨认的是它的头后有一束很长的羽毛。它能模仿人简单的语言,故有"鹦鹉学舌"的成语典故。传说它是为了看护无量观,才永久地站立在这路上的。

金蝉石在鹦鹉石之北,有一石峰高数米,四面都是峭壁。石峰之上浮搁一石,长约两米,高约一米。由东观之似若一蝉在鸣叫的样子,前人管它叫"金蝉石"。人们由北向南看时,又像一只蟾,嘴眼清晰,脚曲伏地,形象逼真,所以又名"金蟾石"。

千山无量观的古松较多,仅占地一万平方

◎ 金蝉石

米八仙塔以东的密松坡，就长有明代古松三百余株。干高枝茂，翠叶相织，苍翠平铺，山风吹来形如松涛，声如海啸，一派波澜壮阔的景象。由于地势的原因，多没有名，有些松树散落山间。有的生长地势险要，有的松树的姿态秀美，苍翠葱茏，特点突出。前人就根据它们的生长特点，给它们起了相应的名字。无量观有命名的古松8棵，装扮着峻峰幽壑，使人观赏后激起无限的遐想。

正直松在太极石南，挺拔秀丽，树龄达三百余年，高25米，干围1.5米，干高笔直，象征着刚直不阿，直立不屈，故名"正直松"。松有个特性，就是在炎热的夏天也好，冰冷的冬天也罢，都不改它长绿之态。此松为千山第一高松。

在一个无情的夏日，暴风中夹着倾盆大雨，电闪雷鸣中正直松被连根地拔掉了，这棵百年的古松永远地消失了。游人再也看不到正直松那刚直挺拔的身躯了，今天看到的只是当年照片的遗存。

可怜松在无量观山门西边，芙蓉峰上。在有纹无罅的悬崖峭壁上生长着一矮小苍老的松树，高1.3米，直径6厘米，根入石中，显得小巧玲珑，看来弱不禁风，遇风发出沙沙的声音，大有摇摇欲坠之势，叫人看了感到十分可怜，所以叫它可怜松。此松并不可怜，它有自己的原则性，不论风吹雨打，还是狂风大雪，它

◎ 正直松

◎ 可怜松

总是挺拔地屹立在岩石之上。此松在此已有五百个春秋了，饱经世代风霜，依然顽强傲立在这悬崖之上。清代诗人彭来自赋诗赞道："莫把岩松号可怜，空山涵养已多年。频看乔木摧金斧，是彼直成地上仙。"所以人们又曾叫它"顽强松"。这就是松树的精神！

抱石松在无量观三官殿东山坡上。一石高数米，其下生一松，已有四百余年的树龄，干粗矮小，冠成扇形，向西倾斜，将石抱住，前人叫它抱石松。清道光进士刘文麟在诗中写道："千山拔地吸灵脉，半化为松半为石。无量观后抱松石，直疑泻尽山精魂。一松倔强抱奇骨，独与兹石同周旋。屈身半入幽涧底，苍皮斑驳枝连蜷。"近代人们到此观赏，此松就像一只展翅欲飞的凤凰，头东尾西，有一种恋恋不舍的情感。人们都叫它"丹

◎ 抱石松

凤朝阳"。便在旁边的巨石上镌刻"丹凤朝阳"四个大字。十年前，在"丹凤朝阳"的上面用水泥修了一道护墙，丹凤受不了，就毅然地离去了，今天能看到的只有照片上的遗容了。

◎ 探海松

探海松意味着这棵奇松俯身向下，做探海之势。这棵松在无量观北面探海峰南侧悬崖峭壁之下，老松树的寿命已过三百年。它从崖基长出后，分为两支，一干紧贴峭壁向探海峰上拔起，与岩峰争高低，似有上天之势；一干探身向悬崖之下延伸，向广阔深壑伸展而去，大有探海之势。游人注目，引人心悦，前人管它叫探海松。当游人到此都喜欢和它留影纪念。

拂尘松在无量观卧虎峰南下方寿星石旁，干劲叶茂，苍翠奇姿。其松酷似老寿星的童子，将拂尘甩开一样，贴切逼真，令人啼笑，其乐无穷。

◎ 拂尘松

大自然神奇的造化，给人们留下的是莫大的享乐。当然，道长们也都在虔诚地关爱着它。

鹿角松在一字天之南，龟石求寿之北，分枝酷像梅花鹿的角。鹿是一种很美丽的动物，雄

◎ 鹿角松

　　鹿的头上长角，身上是褐色的，有花斑，非常灵敏，其鹿茸是珍贵的药材。人们都非常喜欢鹿，在过去，千山里的鹿成群结队，历史沧桑的变化，成群的野鹿也没有了，人们到这里览胜，只能看到这棵松长得这么奇巧，这么像鹿角，自然就会联想到当年千山大自然繁盛的景象，所以人们就给它起名叫它鹿角松了。当游人游览到此，都喜欢与它合影留念。

　　万年松位于老君殿西南隅，昔日有老松二株，东西并立苍颜古干，大者可合围，年代久远，谁也不知它有多少岁数，道长们把它看成是神树。叫它万年松。

　　松柏侣在西阁罗汉洞南口旁，昔日有松、柏二株，挺拔并立，形如伴侣，树梢连相接，翠盖重叠，根干苍老，人们叫它松柏侣，游客游览到此都要停一停，看一看，在酷暑的夏日还可以在这里乘凉。

扫帚松在西阁角门外,树高不及五尺,树干横生,枝叶簇聚,横空如似一把扫帚,所以叫它扫帚松。相传这里山灵景秀,树木繁多,凡物有生就有长,生此松就是扫山之用。

洞是无量观历代祖师修真养性之所,有洞天福地之灵气。无量观有四个有名的洞,有的是自然形成,有的是人工开发而成。

罗汉洞在无量观西阁后面,为大自然造化的古老石洞,传说在唐代就有此洞。南北贯通,长16.7米,分南北两段。洞南段长5.2米,宽4米,高3.8米;洞北段地势较高,10级台阶上有隔门,长7.5米,宽4米,高3.4米。在北门石壁上,刻有"罗汉洞"三个大字。南面出口外的石壁二侧刻有"释道同源"四字。相传,祖越寺建于唐代,创建时就有此洞。无量观之开山祖师刘太琳真人在建观之前,栖身于此洞修炼十余年。罗汉洞名声很大,许多书籍都有记述。刘太琳建观后,重修罗汉洞,重塑十八罗汉于洞中东、西两侧。新中国成立后,刘太琳祖师住洞时的土炕还在呢。

◎ 罗汉洞

◎ 观音洞

观音洞又称观音石洞,在莲花峰南,玉皇阁之后。门朝北,门高1.36米,宽0.52米,上额刻有"观音洞"三字。洞深2.5米,宽2米有余,高2米有余,方形。洞内西壁有一洞,深0.9米,宽1.6米,高1.3米,它的结构特殊,洞中里面还有洞,所以又叫洞中洞。为人工凿成的花岗岩石洞。洞内供奉观世音菩萨像。1748年,即清乾隆十三年,有位道行高深的和一尼老道长,到莲花峰看到了这个古石洞,远离红尘,面朝一座座山峰,下临山涧溪水,上接云气缭绕的高天,是个离绝人烟能修真养性的好地方,他便整天蹲在洞中凿石以开阔石洞,经历十四年时间,终于在乾隆二十七年七月完工,老道长一直在此修行。传说花费了很多钱财,一斤铜钱才能凿出一斤花岗岩石头来。历尽千辛万苦终于将石洞完成。

鹦鹉洞在无量观鹦鹉峰基下东北面。此洞南北相通,长约5米,高不足1米,人须蹲行才能通过,去无量观东山北游的道路必过此洞。洞南口石壁上刻有"鹦鹉洞"三个大字。入洞中,黑暗中前行,还真叫人毛骨悚然。前有石梯古松,左右有怪石奇峰。洞上为一大石坪,可登。北洞口十分幽静,西面奇峰上有天然形成的鹦鹉石,其形象栩栩如生。附近还

有金蝉石、古松，其北面又是风景秀丽的山石松林。

双连洞位于天外天南下的沟壑中，南北二洞，双连暗通，入洞之后，别有天地，从北洞经过暗道进入南洞，洞深数米，从洞中仰望飞云蓝天，可以说是一大奇观。俗语说"坐井观天"，你就会再次感到身临其境，所以也有

◎ 鹦鹉洞

人叫它洞中天。此洞藏觅于密林沟壑之中，游人很难找见，故此一般的游人都不知道。1982年春天，刘明省老先生与千山管理处领导同志到此考察，才揭开洞中的奥秘。

◎ 南天门

49

南天门在小蓬莱西阁慈云殿南，是无量观重要胜景之一。无量圣境多，上天有上天桥，下天有下天桥，可是进天宫不能没有门啊，这座门就是南天门。在这里有庄严古雅的钟楼，独特的角门、月亮门、古碑和庙顶松等胜景。站在此处，东观莲花诸峰，三官殿、老君殿、东阁诸殿建筑，南眺群山舞姿，近俯祖越寺全貌。

# 天造神设　布局有序

　　无量观在千山风景区北部，占地面积95万平方米，建筑面积3700平方米。无量观的开山祖师刘太琳，是沈阳太清宫静阳子郭守真的四弟子。1667年，即清康熙六年，奉师命到千山传道。初居罗汉洞，后创无量观。1678年，即康熙十七年，创建观音阁，1709年，即康熙四十八年，重修观音阁和罗汉洞。1798年，即嘉庆三年重修观音阁，并增建鼓楼，以后观音阁改为西阁。1727年，即雍正五年，创建老君殿，后经乾隆二十七年、嘉庆九年、道光五年、同治四年多次重修。1836年，即道光十六年，创建三官殿。1846年，道光二十六年，又募资兴工重修。同年，龙门派第十七代道士杜教昆，在振衣冈南侧创建吕祖殿三间，增建西阁客堂。1881年，即光绪七年，修建大伙房蹬道。民国年间，东北军少帅张学良将军携东三省军政要员及社会名流捐款修建葛公塔和西阁院内石条路面。同时，牛

◎ 无梁观原址

庄刘万善捐银修建观前到西阁的石条路和东角门。1944年，扩建大仙堂。

新中国成立后，无量观于1952年重修，庙貌焕然一新，1979年鞍山市革命委员会拨款，对无量观又进行了大修。无量观的建筑独具风格，其特点是气势宏大、古朴典雅、玲珑剔透。除罗汉洞和玉皇阁外，其他均为清康熙年间及其后所建。1991年春动工创建东阁，1993年春竣工。现在观内有七个建筑群。殿、堂、袖房计29幢。

山门建筑群，包括石级山门、售票处和流通处三部分建筑。石级山门为硬山式建筑，高脊灰瓦，檐下两翼为透雕燕尾，小巧玲珑，古色古香。门东侧高墙长达四十余米，门西崖峭壁，风光极佳。山门之前，有一栋三间仿清建筑，玲珑雅致，是1995年在许信有大师主持下开工创建，现为售票处。进山门之内北上，在路西茶房之南，一栋三间平房，为1996年创建，仿清建筑，现为经书法物流通处。

大伙房建筑群，由大厨房、东耳房、西耳房、东仓房和茶房等组成，

◎ 无量观山门

◎ **大伙房建筑群**

建筑面积290平方米。大伙房一栋正房5间，1979年由政府拨款大修，1999年由王崇道道长住持进行修整，现作客堂。东耳房一栋3间，经改造现作斋堂。西耳房一栋3间，置疗养所。茶房在流通处之上，现在作裪房使用。站在此处，可仰眺奇峰怪石，俯瞰宝塔苍松。

三官殿建筑群，在大伙房之上。由三官殿、东配殿、西配殿、静身房等组成。三官殿是无量观的主殿，面阔5间，面积98平方米。硬山式砖木结构，有明柱和燕尾木雕，梁枋上施彩画，原有6条滚龙的大脊，雕工精细。1978年大修时，重新粉饰，大脊改为6条游龙砖脊，中间水泥补塑，斜脊有跑兽和梢头。灰色筒瓦，檐头有猫头和滴水。

三官殿神像皆泥塑面金，正位供奉上元赐福天官像、东位中元赦罪地官像、西位下元解厄水官像。地官之东为中八仙，水官之西为瑶池金母，王灵官在东，护坛土地在西。东壁画绘孝子地官种地时感动神像帮忙，西壁画绘水官治水三次路过家门而不入。东配殿3间、西配殿3间，东配殿之东设有静身房。三官殿在无量观的中心位置，东西南北四面景

◎ 三官殿建筑群

色各具特色：东有抱石松、猪首峰、八步紧、夹扁石；西有松石相叠的陡坡岩壁；南有奇石、秀峰、古庙、塔林；北有松岩叠翠的振衣冈。此外，在三官殿之北，山隙之间有遁颐庵，创建于清咸丰年间，因年久失修塌毁。1995年4月许信有大师再次重修。硬山式，砖木结构。去庵路多险趣，在悬崖陡壁上有石洞，梯式石级直通洞口，进而向右再登石阶，有一嵌岩缝小石门，石洞面临悬崖，后靠峭壁的幽雅小庭院，系道士清修之所。

老君殿建筑群，包括老君殿和祠房2栋建筑，位于无量观建筑群的东北隅，莲花峰悬崖下的密林间。老君殿面阔3间，面积49平方米，砖木结构，单檐硬山式，有回廊和燕尾木雕，梁枋上施彩画，大脊有游龙浮雕、大吻。灰色筒瓦，檐头有猫头、滴水。殿内中位太清道德天尊像，左位玉清原始天尊像，右位上清灵宝天尊塑像。殿东南是祠房。殿前有柏松2株，为清康熙年间栽植。在祠房前，还有一株雌性古银杏树，俗称公孙树，有五百多年的树龄，此树是珍贵的世界稀有树种，春夏叶茂，郁郁葱葱，与

◎ 老君殿

西阁那株雄性古银杏树遥遥相对，秋季果实累累。殿前开阔敞亮，在此观瞻，小蓬莱西阁和群峰翠姿尽收眼底。

玉皇阁建筑群，包括观音洞、玉皇阁和伴云庵。玉皇阁位于伴云庵东，倚玉皇顶南侧而立。歇山式，大脊上有大吻、筒瓦，檐头有猫头、滴水，古香古色。阁内供奉玉皇大帝神像。在玉皇阁之西是伴云庵，建在悬崖之上，阴雨天时常在云雾之中。在玉皇阁之北，有清代人工凿成之观音洞。此建筑群东、西、南三面，沿崖上用石筑起半圆形墙，内充填石土垫平，青砖铺地，周围有护墙。相传玉皇阁建于唐代，由著名道士袁天罡、李淳风为镇龙脉而设，是千山最早的建筑之一。南向，地势高爽，工程坚固，历经千年毫未倾圮。阁西南有甬六棱碑碣，字迹剥蚀。清咸丰年间道人郭永慧有诗道："高阁崔嵬绝世尘，千华顶上证金身。有时乱坠天花雨，五色祥云捧紫宸。"站在这里，可俯览无量观、祖越寺全景，时有白云在阁下浮游，大有飘飘欲仙如入仙境之感。在这里还流传着一个传说，当年唐太宗征东时，大军数十万，人马驻满了千山。当时的点将台就设在祖越寺

◎ 玉皇阁

东山顶观音洞前的石头上，也就是无量观莲花峰的玉皇阁处。大将军再点将时，声音震耳，漫山遍野将士们闻听将令震耳欲聋，此处之石也被称为点将石了。

西阁建筑群位于无量观西面，与东阁遥相呼应。此阁素有小蓬莱之称。包括慈云殿、客堂、祠房、南天门、鼓楼、大仙堂、罗汉洞和小蓬莱阁等建筑。正殿为慈云殿，又叫观音殿，即西阁的大殿。位于无量观中轴线西南数十米处，一石墙的门额上刻有"西阁"二字。内有一牌楼式小门楼，上额刻"东来紫气"四字。入内为长形鼓楼庭院，南有一月亮门，名曰南天门。通外是一个半圆形小院，北呈小门楼，进内又是一正方形庭院，共6幢建筑。清代康熙及以后所建，面积266平方米，砖木结构。其中，慈云殿是西阁主殿，硬山式，3间，建筑面积104平方米，有回廊燕尾透雕，梁枋施彩画，灰筒瓦，透脊，斜脊上有跑兽和梢头。慈云殿内正位奉圆通自在天尊像，左站善财，右立龙女像。东位眼光娘娘神像，西位子孙娘娘神像，每位娘娘左右皆有侍童站像。墙上壁画绘圆通自在天尊一时救八难图

◎ 西阁建筑群

像。慈云殿东侧为耳房，西侧为客堂，现为祠房。西阁南天门处建有鼓楼，歇山式，砖木结构，大脊上有大吻，垂脊之间与斜脊之间有雕兽，斜脊上有跑兽和梢头。四角悬有惊鸟铃，风摇时响声叮咚。檐头有猫头和滴水，下有转角斗拱，枋下有12方透雕，四柱装有四框滚龙透雕，工艺精巧。南天门位于鼓楼庭院与南庭院相间处，造型如月，地处西阁最南，又因南临悬崖，富有凌空之感，故名南天门。在南天门东南有一孤石，其南面人工凿一石龛，即土地庙，庙内供奉当山土地福德尊神像。经慈云殿之东北有房3间，原为监院房，监院房西北行，经著名景点木鱼石，便是大仙堂和罗汉洞。大仙堂建于木鱼石西北坡上，在罗汉洞之西南，北靠峭壁，西临悬崖，前是慈云殿。大仙堂系硬山式建筑，3间，面积37平方米。堂内正位供奉的是胡三太爷、胡三太奶二位护法像，泥塑面金。门前有松、榆两棵古树相照，干高枝密将大仙堂遮掩，独有一番风光。罗汉洞历史古老，原有之塑像在"文革"期间皆毁，1980年置泥塑面金的十八罗汉像，姿态各异，栩栩如生。

在西阁慈云殿东墙下,有一株与老君殿遥遥相对的高达数十米的雄性古银杏树,树旁即是3间小蓬莱阁。阁前有汉白玉镶嵌之栏杆板和石阶,小巧玲珑,为新增之佳景。青砖磨缝、斗拱飞檐、浑厚古朴。

东阁建筑群,包括碧霞殿、配殿、祖师殿,与西阁遥相呼应。1991年由许信有大师主持新建,1993年春落成。仿清建筑,全阁金碧辉煌,别具一格。碧霞殿1栋3间,殿内神像泥塑面金,栩栩如生。中位供奉碧霞元君像、东位供奉送生娘娘像、西位供奉催生娘娘像,各有站童两尊。配殿1栋3间,袝房1栋3间,祖师殿1栋3间。2008年王崇道监院率众立汉白玉碑一方,高2.7米,宏伟壮观。内奉吕洞宾(中)、王重阳(左)和邱处机(右)三祖师像,系泥塑面金。祖师殿系杨崇信监院于1998年动工修建。护法堂1栋3间,殿内供奉三位护法神像,皆为泥塑面金。钟楼一座,雕梁画栋,殿院墙设有汉白玉栏杆板,院中置铁铸宝鼎一座,墨玉碑两甬,大小汉白玉、墨玉狮子三对。前院东面置汉白玉九龙壁,方石铺地,垂花门小巧玲珑,石门楼点缀庄严,真乃洞天福地。在2004年农历正月初五下

◎ 东阁建筑群

午三时，祖师殿后高峰滑坡，一块巨大的滚石将祖师殿砸毁。2005年5月，在王崇道监院主持下，进行拆改复修，立做祠堂，正位供开山刘太林祖师、张一麟先师、许信有大师塑像，东奉历代监院、西奉先羽化之历代道长的牌位。

## 宝塔林立　辉映生光

◎ 玲珑塔

塔是历史的见证，名胜的点缀。无量观现存六座宝塔。是记载先师们苦志参玄成就大道的见证，死而不亡谓之神，千百年来历代先师真人代代相传，流传到今天、到未来。

玲珑塔在老观沟西冈一览亭之南。始建于金代，此塔六角十三级实心密檐，高12.3米，用花岗岩砌筑塔身，塔身六面雕有神像，塔周围设有护栏。

祖师塔在老观沟葛公塔之上建于清代康熙末年，系六棱七级石塔。采用本山粗粒花岗岩砌筑，正面镶刻"开山祖师刘太琳之墓"题名，此塔为无量观开山祖师刘太琳真人羽化藏蜕之处。

八仙塔又叫静一塔，位于老观沟祖师塔下，聚仙台之东，系六面十一级密檐砖结构塔。塔门东西两面有砖雕八仙像，后面刻题有"万古长春"四字。此塔建于

◎ 祖师塔

清康熙末年，相传是刘太琳祖师俗家师弟乌将军所修，拟做开山祖师刘太琳静坐修真之用。实际上，刘祖一直没有启用，因为塔身周围有浮雕汉钟离、铁拐李、张果老、曹国舅、吕洞宾、韩湘子、蓝采和、何仙姑八位神仙像。传说八仙过海以后，第一站落脚地是大连金州响水观，现在那里还保存着当年八仙在那里休息时用过的八仙床和逍遥矶。又云游到千山仙人台下棋，明、清以来，在辽东地区广泛地流传

◎ 八仙塔

着八仙的故事。刘祖是一位虔诚修行、虚怀若谷的得道之人，心想哪能让八仙祖师在周围护卫着自己呢，故至终也不肯入座。

葛公塔在老观沟祖师塔下，聚仙台旁北，高约六米，系六面七级实心密檐石塔，建塔的石料是从丹东草河口远道运来，石质坚硬细白，经精工巧匠镌凿雕刻而成。正面有一塔龛，内镶"太清堂上二十代律师葛月潭真人明新之墓"塔铭。背面刻有"海为龙世界，天是鹤家乡"十个草书大字，其余四面均有汉白玉精刻之山石、兰花，皆是葛公生前绘题。周围有石栏杆装砌，塔下设有地宫，深达3米，白灰面壁，内藏经卷、书画，为葛公藏骨处。此塔是民国年间张学良将军等捐款建造。葛公是民国时期沈阳太清宫方丈，道号震庚道人，枕流道者，年晋八旬有一岁，又称九九翁。文才出众，道学渊博，尤其擅长书法丹青，1934年羽化后移葬于此。塔前东西竖立对称石碑，记载葛月潭功德和建筑墓塔始末，以及建塔人芳名。

藏真塔在八仙塔下行三十米处，是许信有大师的羽化藏蜕宝塔。1994年

◎ 葛公塔

4月动工，翌年9月竣工。全塔皆以河北曲阳雪花石精凿砌筑，塔高九级13.32米，全塔用曲阳汉白玉近600块，为八角九级实心塔。塔下设有地宫，工程较大，深3.1米、东西宽4米、南北长6.6米，宫墙宫顶皆用钢筋混凝土铸成，宫壁系瓷砖镶面。地面塔座分七层，一至三层呈阶梯状。三至六层相同，雕有莲花，五层雕有翻草图案，七层雕有莲珠。七层之上正面外周设7面围栏，每块长0.84米、宽0.35米。每板各雕不同形态的龙、虎、狮、马、牛等。第八层各面镶嵌汉白玉，精雕着许信有大师和闵智亭大师生前亲绘兰草及沈延毅、王廷风、温同春等书法家的题字。塔之正面所雕"藏真塔"三个大字，是中国道教协会第六届会长闵智亭道长亲书。第九层雕制莲珠，第十层到第十一层，雕刻双斗拱，奇特壮观。十二层以上是九级，共18层，72角，每角皆雕有龙头，塔檐八面，雕琉璃瓦状，做工奇特。九级以上为塔顶，计八层，布局巧妙别致，神采各异。宝塔设在塔院之中，塔院八面八角，正面开门，由39块栏板、2块抱鼓和40根栏柱连接而成。板面雕制无量观盛景，怪石嵯峨奇丽，松柏苍翠多姿，古老宏伟的庙宇似人间胜境，展现在各个栏板之上。柱面雕有花瓶、梅花等画面，柱上下端刻对称之莲花，柱顶雕有雄狮，每狮形状各异，千姿百态，活灵活现。在正门两侧雕有1.7米高的石狮各一。栏板下底幅长54米，雕成朵朵祥云，地幅下基础高1.5米，长54米，面积281平方米，是选用

鞍山市郊大孤山花岗岩磨面建筑。塔前左右各立曲阳墨玉巨碑，醒人眼目。全塔布局设计之巧妙，雕琢之精美，石料之精良，堪称千山筑塔之冠，不仅给无量观增加人文景观，也为美丽的千山锦上添花。

无量观自然景观和人文景观众多，除上述景观之外，

◎ 藏真塔

在一线天的南面有崖壁十余米，犹如象首，有头有脸，有下垂的长鼻，叫巨象峰。由天上天到石屏峰，用铁索搭建的上天桥，行经一线天至无量观人工建筑的下天桥，位于一线天之上的落针亭，三官殿前石砌的月牙井等都是幽雅有趣的景观。著名的西阁有东来紫氣的石门，东来紫氣映照着无量观众多景观，使人感到诗情无尽，画意无穷。

# 教滋醒世清凉散

古人常说"人生七十古来稀",可是他活了90岁。历经清代嘉庆、道光、咸丰、同治、光绪五朝,是清代由盛转衰的见证人。他少年聪颖,入学、中举。中年坎坷,虽然诗文名气誉满京城,但科场失意,屡试不第。经千山道人指点迷津,看破红尘,挥动慧剑斩断功名利禄的情丝,脱尘离俗,到千山无量观出家。在慈祥观弘法,继任监院,修复扩建慈祥观,创建遁颐庵。他曾写百余首千山诗篇,命名《医俗清凉散》,用于警教世人。他就是千山著名的道教诗人——慈祥道人吴教滋。

## 名誉京城　科场失意

　　河北省河间县地处华北平原，居于北京、天津、石家庄三大城市的三角中心地区，在奔流不息的徒骇河、大史河、马颊河、覆釜河、胡苏河、简河、絜河、钩盘河、鬲津河等九条河之间，古称瀛洲，战国时，因处于九河流域而得名。历史悠久，地灵人杰，英才辈出。历代曾在此设郡立国，建州置府，素有"京南第一府"之称。涌现出许多在中国文明史中起到重要作用的人物。1797年，即清嘉庆二年，在清朝由盛转衰之际吴教滋在河间诞生了。

　　吴教滋，俗名吴树古，出家后，属道教全真龙门派第十七代弟子，排

◎ 吴教滋画像

◎ 河北省河间市风光

为"教"字辈，道名称吴教滋，道号慈祥道人。他出身世代书香门第，祖辈曾在清康熙、乾隆年间入仕、做官，父亲清居廉洁，读书为乐。在中国传统"万般皆下品，唯有读书高"的思想熏陶下，他刻苦学习，熟读四书五经，诸子百家文章，特别喜爱诗词歌赋，博闻强记，过目不忘。深得父母喜爱和乡里的钦慕。1812年，即嘉庆十七年，参加河间县试，考取生元（俗称秀才）。河间县内称他为"神童"。1813年，即嘉庆十八年，参加省城乡试，考中举人，名动乡里，举家庆祝。此时，他十分热衷于功名，更加刻苦攻读，一心要连中"三元"（第一年生员、第二年举人、第三年进士），金榜题名，光宗耀祖。嘉庆十九年，京城甲戌科会试，事与愿违，名落孙山。1817年，即嘉庆二十二年，再次进京参加丁丑科会试，又没有考中。他无颜面对家乡的父老乡亲，第二年，他带了足够的资金，离家出走，到京城游学。

吴教滋来到了车水马龙的京城，定居下来读书。寻师访友，求教名师门下。对论研文，更加刻苦学习，成绩比以前更加精进。同辈学子都敬佩他满腹诗文，常常称赞他为"河间名士"。他相继参加了1819年，即嘉庆

◎ 北京旧貌

二十四年己卯恩科会试、1820年,即嘉庆二十五年庚辰科会试、1822年,即道光二年壬午恩科会试、1823年,即道光三年癸未科会试、1826年,即道光六年丙戌科会试、1829年,即道光九年己丑科会试、1832年,即道光十二年壬辰恩科会试、1833年,即道光十三年癸巳科会试,但是命运偏偏不济,屡试不第。他空怀八斗之才,科场失意,仕途没有了希望。苦闷之间,经常到道教宫观游览观光排解胸中烦闷,听到诵经之声,内心感觉十分清静安详。阅读老子《道德经》,领会精神要旨,得到了启迪,内心觉得扩爽开朗。拜访高道大德,参玄论道,逐渐淡泊了功名,而对道教产生了浓厚的兴趣。

1834年,即道光十四年六月,吴教滋在京城道观中遇到了一位辽阳千山的道长,一派道骨仙风,神采奕奕,道学精湛,说到千山秀丽的风光赞美之语滔滔不绝。千山秀美的山川,幽深的古庙,深深地吸引了他,千山的道人为他指点迷津。他豁然觉醒,斩断入仕做官的念头,挥手告别客居15年的京城,投奔朝思暮想的千山无量观。

## 看破红尘　出家入道

　　千山山势走向分北沟、中沟、南沟和西南沟，往往进入千山的人，大多数由北沟入山。北沟群山环抱，层峦叠翠，树木葱茏，古庙林立。四季风光，变幻无穷。吴教滋从北沟进山的第一站是玄真观，玄真观是无量观的下院，在无量观东面一公里处。骆驼峰、玄真峰、跃虎峰三峰拱璧，掩映在林海松涛之中。1678年，即康熙十七年，开山祖师刘太琳协助师兄王太祥创建，中间为大殿，分东西两院。东院道舍16间，西院11间，未满三年冠巾的道徒都要在此劳动、诵经、集体修行，接受考察，合格者方能到无量观修行。吴教滋迈进大殿，虔心叩拜真武大帝，吕祖和邱祖，在知客的引导之下拜见监院。监院见他释、儒、道学修养极高，谈吐不凡，又是一位有功名的举人，因此，无需接受考察，直接派小道士引导，把他送到无量观。

　　无量观开山祖师是刘太琳，下衍七代弟子李合亮当时任监院。吴教滋在知客指引下虔诚跪拜李合亮监院，说明来意，请求出家。经过一再考问，吴教滋出语不凡、对答如流。李合亮监院见他的道学深厚，又是一位读书的人，且入道之心坚定，因此就破例接纳了他。为了让他了解千山道教和道众的生活，派他到千山各处朝山拜庙，到仙人台寻觅仙缘。

　　仙人台，又称仙人弈棋台，海拔708.3米，是千山风景区第一高峰。俗语说："仙人台、仙人台，不是仙人上不来。"一方面说明它峰高谷险，攀登艰难；一方面，也是强调人与山的缘分，是否有凌绝顶的决心和能力。

　　吴教滋从无量观出发，步行三里路到达圆通观。圆通观是刘太琳第三代弟子孙阳忠于1725年，即雍正三年创建，峰拥峦抱，台峻谷险，清澈的

◎ 千山仙人台

井水甘甜。他爬过高高的山冈，穿过密林，进入古碾沟，向阳山坡上的慈祥观呈现在眼前。吴教滋拜见监院陈本丹，陈本丹正因后继弟子质朴有余，才学不足而烦恼，对他十分欣赏。吴教滋又向南行数里，到达刘太琳下五代龙门弟子彭复光开创的五龙宫。五龙宫风光秀美，恰似一颗璀璨的明珠，雄峙于群峰环抱之中。周围五条山梁从南、北、西三面蜿蜒而来，到此处截然止步，像五条腾跃的青龙昂首欲吞宝珠五龙宫。大自然的鬼斧神工、雄伟壮丽景观使他驻足，便夜宿五龙宫。

天刚拂晓，仙人台已在脚下，仙人台峰头似蛇背，东北、西南走向，构成长20米，宽7米的半圆形平台。西、南、北三面是悬崖峭壁，唯有东面一弦与山脉脊骨相通。西端背峙一石柱，呈四棱形，直径25米，状如鹅头。峰下大安寺、香岩寺、中会寺、五龙宫四合拱卫。平台上刻有石棋盘，周围置八仙和南极仙翁石像，鹅头峰东壁下浮雕圆通自在天尊像。清代乾隆辛卯科进士、大理寺少卿王尔烈考证建于1546年，即明嘉靖丙午年。相传，当年铁拐李、汉钟离、张果老、曹国舅、何仙姑、蓝采和、吕洞宾、韩湘子云游到此，见此处高台凌空独立，是落脚的好地方，便收住云头，降落下来，摆棋对弈，杀得难解难分。恰好南极仙翁路过，见此处祥云缭

绕,仙乐悦耳,看见八仙在此处弈棋,便停留下来,八仙十分高兴,请南极仙翁旁观并做裁判员。久战不决,久而久之,九位仙人竟化作顽石。仙人台的这一精美传说融入了吴教滋的奇思妙想之中。

站在仙人台顶巅,天风浩荡,御风泠然,云海汹涌,似万马奔腾,群峰起伏,如千朵莲花浮水。稍许,一轮红日从东方云海中冉冉升起,展现出一幅群峰捧日、彩霞飞升的绝妙画卷,顿有飘飘欲仙之感。南瞻营口渤海,北眺辽阳白塔,心旷神怡,宠辱不惊,多么美丽壮观的山河,吴教滋更坚定了出家修道的信心,决心与千山终生为伴。

下山后吴教滋遍访洪谷庵、普安观、南泉庵、三清观、凤朝观、双泉观、武圣观、白云观、青云观、宝泉观、朝阳宫、圣清宫、鎏金庵等千山道教宫观,游览龙泉、祖越、中会、香岩、大安等五大禅林寺院,从中得到教益和启迪。环游月余后回到无量观,叩拜李合亮监院,并表明决心脱尘离俗出家入道。李监院考察他心地良善,凡心已灭,诚心向道,便为他

◎ 吴教滋走访的千山普安观

冠巾，更俗家树古之名，赐名教滋，为龙门派第十七代弟子，时年38岁。此时李监院师叔陈本丹来信求助，说弟子许多，但后继无能人，他要吴教滋到慈祥观协助弘道。吴教滋也喜欢慈祥观清幽，于是告别无量观李合亮监院及众道士，到慈祥观修行。

# 修真养性　清静无为

　　慈祥观位于千山中沟，坐落在坐北向南当阳之处，周围山高林密，风景怡人，是修真养性、参玄修道不可多得的绝佳圣地。始建于1805年，即嘉庆十年，开山祖师陈本丹，是龙门派第十五代弟子。慈祥观环境清幽恬静，风景秀丽。嵌松崖在观的东配殿后山上，近石顶处生长一棵古松，高不满1米，好像是人工嵌栽上去一样，树干虽小，但树龄却在200年以上。象头崖在观的西山上，从一悬崖上突出，南端稍高，半掩在茂密的丛林之中，从观中看去，宛如象头。狮子石在观门的西北，石头的颅面俨然如狮。海螺石在观后，形如海螺。老洞在观的北山坡，有石棚。洞进深4米，宽3米，高约2米，内有火炕和锅灶，是玄和道人陈本丹隐居修炼之处。洞外陡壁上，长有古松、杏树、柞树、丁香树，十分僻静。玄合洞，在老洞东陡壁上，进深1.5米，经人工修凿而成，可容一人打坐。洞上凿有流水渠，下凿攀洞的脚窝，为玄合道人陈本丹率徒坐静修炼的地方。洞下还有一个小石棚，经人工修整，是玄合道人小憩的场所。洞上为陡壁，虬松欲滴，石罅错织。如醴泉在观的西北，泉口以石砌成，深2米，常年不涸，常用此泉水烹茶招待客人，其味醇美如甜酒。扫帚松在观的南山坡上，一松十六干，无宾无主，齐头并发，高约15米，冠幅17米，枝杈繁多，苍翠峻茂，状如扫帚，树龄约400多年，是稀有的树种。丹凤朝阳在遁颐庵的西北，一松干矮弯曲，枝叶向外平伸，呈凤凰展翅形状，婉曲有致。观内建筑为清代风格，砖木结构，单檐硬山式建筑，脊头有吻。观内设置正殿、客堂、斋堂、十方堂、经堂、七圣祠、库房等33间。正殿供奉圆通自在天尊、文昌帝君、吕祖、王灵官、土地、鬼王等神像，七圣祠供奉火神、龙王、苗神、虫王、五道、山神、土地等神像。

◎ 吴教滋住持的慈祥观

吴教滋被这里的山水风光、庙宇殿堂秀丽的景色所吸引，很快就安顿下来，适应了清静的生活。1850年，即道光三十年，慈祥道人吴教滋外出参学由河西回千山，第二年在慈祥观西深谷的陡坡上开山凿石，历时4年创建西向茅庵，取《周易》"君子好遁"和"颐以养正之意"，叫"遁颐庵"。不久玄合道人陈本丹羽化，临终前命吴教滋接任监院。1862年，即同治元年，他率领道士募化修观，使古观焕然一新。又开凿了玄合古井，在山门外溪石下边，1米多深，水味甘冽，常年不涸。晚年他把庙内一切事务交给弟子刘永朴，自己深居遁颐庵虔诚打坐，静心修道。1886年，即清光绪十二年，吴教滋90岁高龄，一日召集刘永朴等弟子，嘱咐后事，交代完毕，盘膝端坐，羽化飞升。

## 诗怀清雅　　怡情醒世

吴教滋在千山修行了52年,他的足迹踏遍了千山的沟沟壑壑,对千山的自然风光和人文胜迹有着深厚的情感。他一生写了许多诗,精选了一百多首编成《医俗清凉散》。他在跋中写道:"哎呀!天下最难得的是我的生命,然而天下最容易失去的也是我的生命。放眼观察世界,活一百岁的人少有,耄耋老人也很少能够碰到。人生匆匆也不过数十年,当生命终结时,贵贱贫富一起归赴黄泉……所以这难得的美景不能够与朋友们一同分享而不免有些遗憾,只好以纸和笔来表达我的情意。假如朋友们能够应急前来,永远摆脱人世间的苦恼,共同修炼长生之道,健康身体,延年益寿,凝固神气,便可以学得神仙,这岂不是一件很美好快乐的事件!"吴教滋因科场失意,受无量观道士指点来到了千山,好山好水使他洗思涤虑,他找到了人生的真谛。他想把自己的感想转告给世人,让世人能步他之后,在名利场中觉醒。他把他的诗看成是治疗世俗人等在滚滚红尘中将无尽苦恼转化为清静身心的良药。

《医俗清凉散》,木版本,由吴教滋亲自主持在千山南泉庵刻印,共用274千钱,得到当时盛京太清宫及千山宫观和寺院出资赞助。是研究千山最有价值的地方文献,帮助我们了解千山的历史和风物变化。内容主要有入道明志,赞美千山,劝人醒世和怀念友人四部分。

《归千山》写于1836年,即道光十六年,是他入道明志的代表作:

　　四十余年不自由,脱身从此罢营求。
　　利名似网谁先觉,日月如梭我独愁。
　　愿与青山长对面,免教白发早盈头。

悠然遁入慈祥观,一戴黄冠万虑休。
静中滋味淡而长,十八年来弃故乡。
石不能言由我玩,山常含笑看人忙。
纷争得意棋全胜,辗转回思梦一场。
万象皆空何所恋,林泉深处好潜藏。

写此诗时他刚好40岁,出家入道刚刚3年,谈自己洗心以后的真实感受。先说以前自己深陷追名逐利网中,进行拼命挣扎,白白浪费青春时光,真是辗转一场幻梦。而今入道后觉醒,面对含笑的青山,清滢的流泉,自己觉得非常安适幸福,愿在山林深处潜心修炼,终老天年。

《咏千山》四首和《无量观》诗是他赞美千山的代表作:

峻岭奇峰迥不群,翠微碧落总难分。
楼台掩映开仙境,岩洞幽深绝俗氛。
盛世名山容隐逸,释家道院护殷勤。
幸居福地宜留咏,搜索枯肠愧少文。
谷口烟霞匝几遭,渐来深处远尘嚣。
风吹百样花香发,雨洗千嶂树影高。
每逢霜晨观罨画,偏宜雪夜听松涛。
此间终岁饶佳趣,徒步登寻莫惮劳。
羑分春夏洎秋冬,接引高人不断踪。
五大禅林多古迹,廿余道院称峣峰。
及时览胜襟怀爽,结伴探幽兴味浓。
夜宿山中忘世虑,游仙梦醒听晨钟。
四顾峥嵘别有天,祥云瑞霭杂香烟。
松林茂密曾封万,峰嶂回环岂止千。
画者欲描描不尽,山人有咏咏难传。
必须逐细亲身历,异境奇观始获全。

诗中赞美千山的峻岭、奇峰、峭石、岩洞、幽谷、烟霭、松涛、翠影以及释道清修隐逸之士。千山是福地仙境，自己置身其中感到无比的舒适和荣幸。

> 仰溯康熙壬午年，千山道院记开先。
> 贵人赞助非常绩，始祖梵修有凤缘。
> 殿阁至今增气象，峰峦依旧绕云烟。
> 观中廿四标佳景，我友郭公已咏全。

诗中记述了无量观建成的时间是1702年，即康熙壬午年，为千山道教的祖庭，赞美开山祖师刘太琳和贤达之士对无量观所做的贡献。经不断接续扩建，现在殿阁更加壮丽，形成二十四景观，我的后辈诗友郭永绪在《咏无量观廿四标佳景》诗中的赞美，十分到位。诗中不仅赞美无量观，也向人们讲述它的历史和人物，是后世研究无量观历史和人物难得的宝贵资料。

《医俗清凉散》的核心部分集中在《续咏无题》，它的中心思想是劝人醒世：

> 不知养性好劳神，瞥目流光又一旬。
> 所愿未酬人已老，问君还有几年身？
> 心血盈盈一勺多，那堪日夜任消磨。
> 一朝耗涸神离舍，纵有黄金可奈何。
> 货利田园可意人，总为世上几般尘。
> 自兹已往全无据，当境何须认太真。
> 人人皆曰爱予身，我说人人爱弗真。
> 若使真心怜自己，不应到老恋红尘。
> 人人畏病有同情，我说人人畏不诚。
> 若使诚心常畏病，胡为贪利和贪名。
> 贪求不顾日沉西，当局高明亦若迷。

> 何益于身空损寿，忠言逆耳一提撕。
> 琐务纷乘不惮烦，任教六贼伐灵根。
> 灵根伐断身无主，悔不听从药石言。
> 人身难得普通知，物我牵缠便自欺。
> 不愿脱离情欲海，他年病革悔之迟。
> 世味方长一旦抛，岿然新冢占荒郊。
> 万金事业花间露，百岁光阴水上泡。
> 万物皆愚我最灵，为何戕天物延龄。
> 只因甘受红尘累，如鸠伤人死不醒。
> 恣情纵欲沉沧海，好货贪财坠火坑。
> 一听箴言能自拯，反身拔苦道心生。
> 不游城市爱游山，似此胸襟岂等闲。
> 慧剑斫开恩爱锁，孤军攻破利名关。

诗中劝告规诫世人需要养性爱身，要畏病修身。"动中皆幻境，静里是仙乡"。人生短暂，"万金事业花间露"，"人生常自瘁"，要看破名利，斩断情缘，舍浊求清，脱俗离尘。

在《续咏无题》中，还有一部分诗描写道士的清贫无忧淡泊生活：

> 独怜幽趣性成憨，两袖清风苦亦甘。
> 绿水绕来双藓径，白云深处一茅庵。
> 多在山中少在家，从来幽雅胜喧哗。
> 清心寡欲精神爽，济以玄功寿命加。
> 日暖风和草木鲜，花香鸟语水涓涓。
> 春光淡冶山如笑，噬肯来游便是仙。
> 烟岚苍翠滴山房，溽暑温风夏日长。
> 三伏炎威何处避，北窗高挂自招凉。
> 秋日登高一聘杯，山容明净景尤佳。

树彰五彩天工巧，妆饰群峰处处皆。
雪霜惨淡届隆冬，百卉俱凋剩碧松。
现出灵山真面目，朝朝晤对豁心胸。
身安不用寻仙岛，即此山中日日好。
随缘守分度时光，无虑无忧无烦恼。
山人不与世人同，泉石膏肓色相空。
坐卧林间闲有趣，啸歌物外乐无穷。
起居出入绝羁缠，荡荡胸中自坦然。
返识归元能却病，致虚守静可延年。
浮生何必尚繁华，万事纷纷顷刻花。
仙术示人能顿悟，欣将山水作生涯。
雕梁画栋尘荣促，绿水青山野趣长。
只为性天无障蔽，自然心地得清凉。

他认为人生短暂，不过百年，眨眼就过去了。出家道人要随缘守分，两袖清风，无忧无虑，清心寡欲，啸歌物外，致虚守静，就能得到快乐，能够延年益寿。

还有一部分是怀念友人的诗作：

小院花围依涧谷，优游自在饶清福。
便当与友共居之，翻欲终朝歌伐木。
林密山深景色幽，应将好鸟集枝头。
听伊鸣唤犹求友，系我徜徉独寡俦。
春眠不觉晓钟撞，清韵催人启绿窗。
佳景难描欣纵目，良友不见恨盈腔。
名山胜境拟蓬莱，坐览松峰百念灰。
比值潇潇风雨候，默然惟望故人来。
空说登山结道缘，谁知负约已三年。

每逢佳日情难禁，望得幽人眼欲穿。

　　吴教滋虽然已出家入道，名利之心皆灰，但是和友人还有真挚的感情。当道观清静，优游自在之时，想到与友人共居之。听到喜鹊枝头鸣叫时，仿佛在呼唤朋友。面对佳景，思念与好友共赏。风雨中默坐，盼望朋友的到来。约朋友登山，朋友没有到来，他两眼望穿，情难尽，思难眠，他不仅广结道缘，也有朋友的情缘。

# 葛公济世笔生花

葛月潭是道教龙门派第二十代方丈大律师,东北道教活动中心奉天(沈阳)太清宫方丈,曾任中国道教总会关东分会会长。他博览道家经典,道学高深,修建宫观,抢救文物,弘扬道教,三次开坛演戒,支持教育救国,建立学校,响应实业救国,创办工厂。他擅长诗、书、画,号称三绝。以书画弘道,广结道缘。劝诫达官贵人勤政爱民,教诲百姓忠厚传家,挥洒义卖捐资赈灾,在那哀鸿遍野的乱世,虽无回天之力,却常存济世之心。

## 天资聪慧　弃俗入道

1840年，即道光二十年，发生了震惊中外的鸦片战争，帝国主义入侵，疯狂掠夺。清王朝更加腐败，经济崩溃。水灾、旱灾、虫灾连续不断，民不聊生。江南江北，关内关外广大农民不堪剥削压迫纷纷揭竿而起，爆发农民起义。在这内忧外患之时，山东省安丘县张家村一位婴儿诞生了，他就是葛月潭。时逢清王朝末世，他挣扎着艰难成长，经百种艰难，千般磨炼，成为全国著名的黄冠领袖。

葛月潭，全真龙门派第二十代方丈大律师，字月潭，道号明新，又名震庚道人，别号枕流道者，在他81岁时，又自号九九翁。1854年，即咸丰四年，二月六日生，他家是邱县的首户，财资丰富。他的父亲崇尚儒家经典，羡慕道家淡泊清静的生活，好善乐施，人称"葛员外"、"葛善人"。他的母亲知书达理，相夫教子，有贤惠之名。他自幼天资聪慧，三岁时能诵《三字经》、《百家姓》，四岁时能背《论语》、《千字文》，五岁时能背诵百首唐诗、宋词、儿歌。他聪颖可爱，村内称为"神童"，是父母的掌上明珠，葛家的光荣。

◎ 葛月潭方丈法像

◎ 山东省邱县扁鹊庙

  1851年，即咸丰元年，洪秀全（1814—1864）领导拜上帝会在广西桂平金田村举行起义，建立太平天国。1853年，即咸丰三年，3月19日占领南京，29日改名天京，定为都城。继而又挥师安徽、湖北、湖南，经山东、河南、河北，直捣天津。1855年，即咸丰五年，安徽、河南、山东又爆发了捻军起义，张乐行为盟主，在长江以北，黄河以南与太平军联合，人数达百万以上，展开纵横千里的运动战。清廷集重兵，征调湘军和淮军残酷镇压农民起义军。1858年，即咸丰八年，战火烧到山东省邱县张家庄，清军烧杀抢掠，百姓走死逃亡，土地荒芜，无人耕种。葛月潭刚刚5岁，随父逃难，千辛万苦到了北京城，家道也随之中落。同年，英法联军攻陷大沽炮台，1860年，即咸丰十年8月24日，攻陷天津。9月22日，咸丰皇帝逃到热河。10月6日，英法联军火烧圆明园，10月13日侵入北京城。英法联军烧杀抢掠，千里硝烟。葛月潭随父母闯出山海关，辗转逃亡到盛京（今沈阳）。此时举目无亲，家境已是一贫如洗。幸好他的父亲精儒通道，依靠斗姥宫为人写字、看卦，勉强维持生活。虽然家境没落，生活穷困，仍全力培养葛月潭学习儒家经典，期望他健康成长，光复祖业，辉煌门庭。后来贫病交加,夫妻双双去世,葛月潭成为孤儿,只好寄食在斗姥宫。

葛月潭天资过人,聪明伶俐,勤奋好学,深得斗姥宫监院的喜爱。老监院指导他阅读《太上感应篇》、《道德经》等道家经典,他博闻强记,勤学好问,对道教学识有很深的认识和理解。他焚香、诵经、打坐、上殿诵经,适应道教宫观日常生活。护院师父教他习武健身,他舞刀弄棍,精通拳脚,练得一身好功夫。

1867年,即同治六年,葛月潭完全适应道观生活后决心出家。1871年,即同治十年,他已经18岁,在斗姥宫赵圆仪道士的接引下,在斗姥宫出家入道。过了一年,斗姥诞日千山李圆龄给他冠巾。他研读《道藏》,道学高深,兼工诗、书、画,号称"三绝"。他尤擅绘花卉、怪石,每日求画者络绎不绝。他广结盛京名流才子,相互交流得到名家的指点和好友的尊崇。1874年,即同治十三年,他跪拜在全真教龙门派第十九代张圆旋大师坛下领受天仙大戒,成为龙门派第二十代弟子。

1875年,即光绪元年,葛月潭已是22岁精壮道士,师父张圆旋派他到

◎ 北京白云观

◎ 沈阳太清宫玉皇阁

北京白云观参学。他遵依师命，一路朝山拜祖，晓行夜宿，奔波千里，到达北京。当年他和父亲在北京暂住1年，那时才6岁，刚刚记事。事隔16年，咸丰皇帝和他的儿子同治皇帝都已去世。现在是光绪皇帝刚刚登基，慈禧太后垂帘听政，沧桑变化物换人非。白云观始建于金元时期，是全真道教第一丛林。邱处机、尹志平、王常月等祖师们都曾在这里传道弘教，数百年来经过历代住观道长努力，已成为全国道教活动中心。巍峨的殿堂，精雕的神像，珍贵的法器，幽雅的道乐等都使他耳目一新。特别是唐代吴道子的《老子犹龙图》，东晋王羲之、元代赵孟頫的书法，明代刘基的古琴，经石刻、《道藏》、儒家和诸子百家著作，中国古代科学技术典籍等真是琳琅满目，精彩纷呈。白云观不仅是道教信仰和修道者的圣地，也是一座博大的道教宝库。白云观的悠久的历史和深厚的文化感染着他，增强了他观赏和学习的兴趣，他虔诚学习，决心弘扬道教文化。他挂单不久，就融入白云观道众的生活中，他的操守和才华受到方丈、监院的赞许，他的谨慎和机敏得到道众的认可。并推举他为迎宾知事。此间他有机会和清廷达官贵人、文人墨客、社会贤达往来，结交天下名流。

京城中有一位著名的画家周棠，对葛月潭的艺术才华十分欣赏，收他为弟子。经常指导他创作书画，使他的绘画水平有了极大的提高，达到了炉火纯青的程度。葛月潭把道家的思想文化和入世修养融入书画之中，以书画弘道，以书画交友，才华横溢，文采风雅，名动京师。

1877年，即光绪三年，恩师张圆旋召葛月潭回盛京斗姥宫协助弘道。葛月潭精研诗书画，广结道缘，他遵守"谈道义而化奸顽，讲经史而晓愚昧"的教理，解囊办精粹学校。他在政治维新的形势下，为振兴经济，他又出巨资助办染织厂，他募化资金修复斗姥宫的前殿和太清宫的玉皇阁。1907年，即光绪三十三年，他被推举为盛京太清宫监院，1914年，由于他道高德隆、仁义兼全，才智过人，被诸山公举为太清宫方丈，成为龙门派第二十代方丈大律师，东北地区道教的领袖。

## 开坛演戒　弘道兴教

1912年1月1日，孙中山在南京就任临时大总统，宣告"中华民国"成立，结束了中国几千年的封建统治，一个崭新的时代开始。"葛月潭"为了弘扬道教，推动道教的发展，率领千山无量观的王理钧、慈祥观的李至宫（当时千山属辽阳县，鞍山市1931年成立，千山风景区1948年划归鞍山市），锦州县圣清宫的成宝、闾山庆云宫的吴诚达、朝阳县朝阳洞的王信朴、奉天福道立实工厂的陈诚玉等联合全国各地高道大德成立全国道教总会，会址设在北京白云观，道众推举他为副会长。1913年，由葛月潭发起在奉天成立中国道教总会关东分会，会址设在太清宫，道众推举他为会长。1914年，道众推举他任太清宫方丈。他经常主持和参加一些社会活动，名闻遐迩。奉天太清宫也成为中国东北地区道教活动的中心。

太清宫位于盛京城攮门外，1665年，即康熙四年，郭守真创建，初名为三教堂。1823年，即道光三年，改名为太清宫，即由宗门改为丛林律门。有监院，设方丈，并开坛演戒。同年，首任方丈孙抱一传戒，受戒弟子36人。1833年，即道光十三年，第二代方丈赵坚忍传戒，受戒弟子103人。1874年，即

◎ 沈阳太清宫老君殿

同治十三年，第三代方丈张圆旋传戒，受戒弟子177人。1879年，即光绪五年，第四代方丈魏必彩传戒，受戒弟子244人。太清宫改为丛林律门后，四位方丈历时56年四次传戒，受戒弟子560人。

葛月潭为奉天（沈阳）太清宫第五代方丈，龙门派第二十代律师。1914年，春秋两季登台传戒，受戒弟子330人。1920年第二次登坛传戒，受戒弟子380人。1930年第三次登坛传戒，受戒弟子461人。葛月潭在太清宫历时15年三次传戒，受戒弟子1171人。他登坛演戒阐教说：持戒降心、明心见性是修道的根本，清整戒律是我全真教振兴的法宝，戒行精严是修道的核心。戒是降魔之杵，能镇压妖邪；是护命之符，能增延福寿；是升天之梯，能朝礼三清而超凡入圣；是引路之灯，能消除六欲而破暗除昏；是仙舟宝筏，能渡众生离苦海；是慈航津梁，能济众生而除爱河。诚修行人之宝藏，为进道者之提纲。仙圣无门，皆从戒入；圣贤有路，皆自戒行。实系仙真之要路通衢，贤者之中门正道。可见持戒在修行中是何等

◎ 沈阳太清宫

重要。他进一步明确了道教律门和宗门的法规、道派相承、庙宗继承等问题，为发展道教开拓了新的道路。

葛月潭方丈在15年间三次开坛演戒，弟子遍布天下，致使道风大振，龙门中兴。当时东北道教宫观1440座，道士2200人，信徒320000人。奉天太清宫成为东北道教的中心。葛月潭也受到国民政府的嘉奖，被誉为"道家第一"。"一身传戒满三坛，拓得玄门道界宽"是对他的赞誉，应该说是真实的写照。

## 尽心庙务　兴学办厂

1877年，即光绪三年，葛月潭从北京白云观参学结束，已经24岁，师父张圆旋召他回盛京斗姥宫。一表人才，教理精通，道法高深，社交广泛，办事干练，尊崇师长，友爱道众，广结道缘，尽心庙务，受到大家的尊敬和爱戴。

1880年，即光绪六年，夏季，盛京城阴雨滂沱，连日不停，致使斗姥宫前殿椽檩断裂，殿墙倾颓。当时斗姥宫生活很不景气，道缘不多。葛月潭自告奋勇，担起复修前殿重任，募化信善，出资出物，亲自监工，指挥抢修，至秋末，完成了前殿复修任务。彩绘一新，圣像升座，胜于往昔。

1905年，即光绪三十一年，太清宫遭火灾，大火烧毁玉皇阁，监院怕追查他的失职，偷偷离庙，远逃他乡。太清宫无人主持日常事务，道众望着残垣断壁空发叹息。1907年，葛月潭被推举为太清宫监院，他担当起重建玉皇阁大任，募化四方，筹措资金，亲自设计，督促施工，经一年时间，将玉皇阁重新建成。塑像饰金，浮雕壁画，风韵清雅，着色讲究，寓古雅于淡素之中，显出古朴庄严之象。

1927年，北京白云观因得罪北京京兆尹而被查封，庙产充公，遭散道众。葛月潭知道后，心急如焚，通过吴俊升求助安国大元帅张作霖。吴俊升（1863—1928）字兴权，山东历城人。1927年任安国军第六方面军司令兼任东北保安司令。他和葛月潭都是山东人，喜欢书画，多有往来，他又是张作霖的亲信，言听计从。张作霖对葛月潭十分崇敬，也常邀为上宾，求教安国兴邦之策。因此，张作霖下达命令，让京兆尹将所封的白云观财产全部归还，白云观道众回观，他们对葛月潭感恩戴德。

辽东地区在清朝立国之初就被视为"龙兴之地"，长期实行"封禁政策",使这一地区经济文化的发展较关内诸省迟钝,被人称作"塞上无文"之地。至清朝末期,主要还是通过科举制度选拔人才。办学方式基本分儒学、社学、义学、书院、宗学及八旗官学。这些学校的类型虽不相同,但都以传统的儒家学说《四书》、《五经》为最基本教材,往往是所学非所用,所用非所学。1901年,即光绪二十七年,孙百斛、谈国楫在沈阳小西门外创设奉天大学堂。葛月潭注重教育,也紧随其后,自己出资创立初等学堂,设两个班,招贫困家庭子弟,免费入学读书。为了培养道教人才,在当时政治维新形势影响下,他自筹资金,创立粹通学堂,招青年道士学习经典。他遵循"讲道义而化奸顽,讲经史而晓愚昧"的教理,亲自到两个学堂登台授课。他知识渊博,多才雄辩,治学谨严,受到学员的尊崇和爱戴,为社会和道教培养了一大批人才。民国初期受到政府的嘉奖,当时民国大总统袁世凯赠送他"敬教勤学"木匾悬挂在太清宫。

从1874年到1908年,即清朝光绪年间,辽东地区民族资本主义有了较快的发展。沈阳、安东(丹东)大东沟、辽阳、新民、法库、铁岭、营口、通江口先后为开放商埠。营口、大连、安东,形成"辽南三港"。京奉铁路、中东铁路相继通车。水运和陆运轮轨交错,交通极为便利。城市人口增加,土地耕种面积扩大。大豆榨油业、酿酒业、柞蚕丝业发展较快。辽东纺织业在沈阳、辽阳、营口三地兴起,创立诚永、天增利、重盛、天业昌、泰和顺等织布厂。葛月潭筹集巨资资助创办染织厂,与各织布厂互相协助发展,为振兴辽东民资经济和提高道教的社会地位做出了较大的贡献。

## 挥毫泼墨　赈灾济民

葛月潭一生精研书画。书法以隶书、草书见长，隶书得益于临习《东海神庙碑》，能自出新意，行笔藏锋逆入，蚕头燕尾，波磔分明，中锋厚重，起止自然，给人以方劲凝重雍容大度之感。草书得益临习智永的《千字文》、怀素的《自叙帖》、孙过庭的《书谱》及王羲之、王献之的草书诸帖。他不拘形似，能够出新。飞扬流宕，狂纵雄强，润以温秀，增加笔画轻重浓淡变化，内涵丰富，深含山林之气。他的画以兰、竹、牡丹和奇石为主，得到北京名画家周棠的亲传。寥寥几笔灵活飞动，各俱姿态，墨法活润，清新洒脱。他的诗联得益于唐代王维，意境清新古雅，内容淡泊飘逸。他用诗书画服务于宫观，服务于社会，不定润格，不收笔润，求者不拒。书画流传较多，遍及全国，闻名于世。

1916 年，讨袁（袁世凯）名将黄兴、蔡锷相继逝世。奉天给两位先驱举行追悼会，他亲书挽联"国士无双双国士，完人难二二完人"。其意思是：国家伟大的人物，当世应该是一位，而黄兴和蔡锷两人都是当世伟大的人；道德高尚的人物当世也极少，而黄兴和蔡锷都是当世道德高尚的人。短短的上下两句 14 个字，还重复 6 个字，对仗工整，内涵丰富，意义深远，表达了他的赞美和哀悼的深情。书艺高超，运墨如金，此联轰动一时，广为传诵。时人说：葛月潭真是当代无双的世外高人。

1920 年和 1921 年河北、山东一带遭受特大的旱灾，百姓啼饥号寒，死者相藉。葛月潭挥汗作书绘画，募化高官名流，商贾贤达，办展览进行义卖，所得资金全部送到灾区救济难民。当时的民国大总统曹锟奖励他"嘉祥褒章"一枚，山东督军兼省长田蕴山、会办赈务何春江赠他"好行其德"匾额一方，高高悬挂在太清宫。

1930年，辽西发生水灾，赤地千里，饿殍遍野，灾区百姓无法生活，纷纷背井离乡，四处流亡。葛月潭已是77岁高龄之人，心中装着受灾遇难的老百姓，寝食不安。他命人在太清宫门前置大锅开设粥棚，早晚舍粥接济饥寒交迫的流民，帮助他们渡过灾年。他不惜年迈，昼书夜绘，挥就1000多幅书画，举行书画展，进行义卖，所得巨款全部捐献灾区，赈灾济民。

葛月潭十分重视道教文物的保护和开发，重视道教历史的记载和传播。他自出资金购两部《藏经》，一部保存在奉天斗姥宫，一部保存在千山无量观。他多次游历千山，赞誉千山峰峦奇秀，林壑幽美，冠绝辽东。他十分喜爱无量观风光。1929年选定在刘太琳祖师塔下面，聚仙台旁定为自己的遗蜕安奉之地。1934年9月9日，为他的俗家弟子刘伟华编著的《千华山志》撰写前言，赞美他所做的贡献，认定这册书作者考察精详，词笔清超，将和千山道教盛业一起传播不朽。

葛月潭晚年隐居奉天（沈阳）斗姥宫，生活恬淡宁静，精神矍铄，鹤发童颜，身体朗健。每日以诗书画自娱。每有求书画者，必定答应，按时完成，不收润笔费用。他的声誉很高，当年曾经出版画集，书画作品留传后世很多。

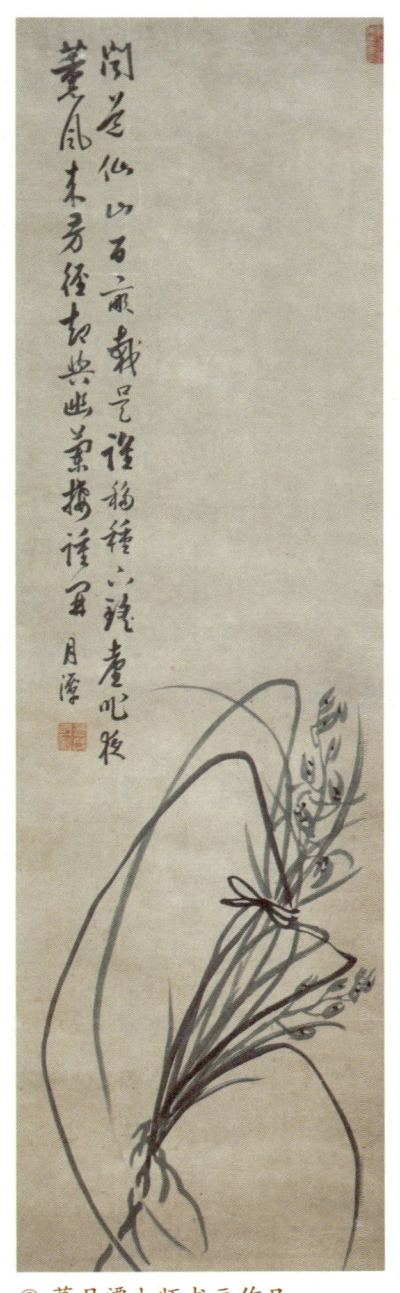

◎ 葛月潭大师书画作品

1934年12月15日申时葛月潭在太清宫羽化。临终前召弟子至堂前嘱托后事，指名孙诚基继承斗姥宫监院，索笔绘兰花一幅，题诗："一花一世界，一叶一仙槎。挥尘东溟去，云天到处家。"又书七绝："倏然蜕去有形身，蝶梦蘧蘧幻亦真。心似闲云任去往，休将泥爪问前因。"教导弟子要超然物外，认识人的生老病死是自然规律，要顺其自然，不要机械地追究前因后果。最后书"道心惟微"四个大字留庙，朗笑而逝。1935年，他的坐龛运到千山无量观，依道教礼规举办盛大的道场，安奉在葛公塔地宫中。

葛月潭活了81岁，生在多灾多难之时。历经清代咸丰、同治、光绪、宣统四位皇帝统治时期，又经历了太平天国运动、两次鸦片战争、中日甲午战争、义和团运动、日俄战争、辛亥革命、直奉战争、"九·一八"事变，看尽了各届政府腐败，政界官员钩心斗角，百姓的颠沛流离。他虽然屡遭坎坷，但道心坚定，虽然身置天灾人祸的乱世，但他心系百姓，倡导教育救国，发展实业救国。虽然力单势弱，但能亲自实践。他一生精研诗书画，服务社会，造福人间。他将伴无量观长存，与千山山水共清幽。

# 道门楷模许大师

　　无量观坐落在千山北沟,是一颗镶嵌在群山之中的璀璨明珠。这里是佳景游人醉,四季风光各异,游人流连忘返。在通往无量观的老观沟中间,有一座用河北曲阳雪花石精雕的藏真塔。塔中安奉着一位德高望重的道长——许信有大师。

　　道众为什么这样怀念、崇拜他呢?这就要从许大师一生走过的路来看。许大师1905年6月8日出生,到1995年10月8日羽化,91岁高龄。他在1926年出家,道龄70秋。幼年父母早逝,生活贫寒,度日如年。入道之后,饱经日本帝国主义的侵略和压迫,许大师以虔诚信仰,度过了这段苦难的日子。新中国成立后他精神焕发,爱国爱教,在70年的时间里研修道经,抱道而终。许大师一身正气,两袖清风,生活简朴,仙风道骨,世人称为活神仙。收徒传戒是道教的大事,许信有大师经历三次传大戒,每次都担任大师。慈悲为怀,济世利人,扶贫助学,赈济灾民,施茶舍药等社会公益慈善事业,他都尽力去做。

　　千山佛教、道教同居一山,本着"释道同源"的师训,他为释道和谐共处做了大量工作,为游人服务与景区和谐树立榜样。在1995年病重期间他把自己的健康置之度外,不忘关心道教和旅游事业的发展。无量观是千山道教祖庭,在许大师住持下,不仅古庙建筑焕然一新,还创建了宏伟的东阁,为旅游胜地锦上添花。许大师仙逝后,为纪念大师的功绩,弟子们为他修塔立碑,在碑上刻着:"全真一脉传千载,龙门教派撒半天。丹心映彻藏真塔,太和之气万古存。"在墨玉大碑后还刻有"后人仰钦"四个大字。

## 心系大道　承续道脉

　　许信有大师，俗名许公廷，山东蓬莱县大皂许家庄人。幼年时期家境贫寒，8岁时就到农田干活，9岁时到村里私塾读书，11岁因无钱交纳学费被迫退学，13岁母亲病故，生活无法维持，跟随舅舅到大连市皮子窝做勤杂工。16岁时父亲去世，只剩下他和7岁的妹妹相依为命，生活困苦，由于劳累过度，已病魔缠身。当时日本帝国主义发动侵略战争，东北沦陷，大师饱尝了亡国奴的耻辱。1925年，时年21岁的许信有毅然投入玄门，到辽阳县千山太和宫出家，拜全真教龙门派孙诚基道长为师，成为道教全真龙门派25代玄裔弟子。

　　1929年5月，许信有在沈阳太清宫葛月潭方丈的第三坛大戒受戒。此后他认真攻读道藏经典，深入学习《道德经》，领会益善、止恶、皈真、舍妄的真谛。于1929年10月去吉林省东丰县小北门外天和宫任殿主，1934年被道众选为监院。1935年，担任吉

◎ 许信有大师

◎ 山东蓬莱仙境

林省道教分会会长。1943年到哈尔滨正阳宫任监院。同年，沈阳太清宫金诚泽方丈在黑龙江省双城堡无量观开坛演戒，礼聘许大师任八大师中的引请大师。戒期百天，戒子八百。

　　1944年沈阳太清宫金诚泽方丈二次传戒时，再次担任引请大师。1945年，东北光复，许大师返回沈阳太清宫任经师。1949年10月1日，中华人民共和国成立，许大师欢欣鼓舞，工作以身作则，积极学习党的方针政策。1958年，许大师在沈阳太清宫任知客，迎接欢送南来北往的道友。道教界劳动自养，他响应党和政府自食其力的号召，在沈阳市与36名道众办起了化工厂，生产水碱、小苏打和氢氧化铝等。许大师担任了沈阳市建新塑料厂化工车间主任，工作之余不忘修持。1962年5月，许信有调任千山宗教生产合作社副主任，工作兢兢业业。当时，千山佛、道寺观中的僧尼道众都集中在五龙宫，他和道众们一边生产一边修行，自食其力。1966年5月，十年动乱开始。8月，千山寺观被砸，宗教活动全部停止，僧尼道众被迫离庙他往，而许大师一直坚持住庙修行，带领道众种地生产，自给自足。在逆境中坚持学习道教经典，认真参悟修持法诀，坚持修心练功，在十年动

◎ 沈阳太清宫

乱中参悟出许多人生的真谛。1968年任千山宗教生产合作社主任，生活自给自足，年年还有节余。1970年，许大师到无量观做接待工作，他白天工作，晚上习经修行，为游人服务，无微不至。个人还经常买药品为游人义务包扎创伤和治病，做了大量有益于社会的工作。

# 庄严道场  紫气重辉

按照道教全真派师传,道士要住庙修行。十年浩劫庙观被毁,神像被砸。1978年后,宗教政策开始落实,道教的宗教活动也开始复苏。在鞍山市政府和千山景区支持下,1979年无量观在许大师主持下对三官殿、老君殿、玉皇阁、小蓬莱西阁以及各配殿、客堂等所有建筑都进行了大规模的修复。被破坏的老观焕然一新,许大师乐了,大家都乐了。就在

◎ 王灵官像

◎ 老君殿塑像

◎ 三官殿塑像

这一年，许大师也被选上了辽宁省道教协会副会长。有人问许大师："神仙有灵，十年浩劫，庙被砸，像被毁，神仙跑哪去了？为什么不显灵呢？"许大师很有风趣地说："这是一场大劫难呀，当时那个潮流，神仙也只好回天去了。善有善报，恶有恶报，不是不报，时辰不到，时间到了，自然全报。你没看到砸神像的那个恶家伙，后来不是自己去投湖而亡了嘛！今天我们要把神像全部恢复，隆重开光，请各位神仙再回老观来，给大家赐福赐寿，保大家平安吉祥呀！"1980年许大师被选为中国道协理事，他一面修行，一面监工庙上的塑像工程。冬去春来，到四月中旬，千山呈现出一片生气勃勃的景象，树吐绿叶，山花烂漫，全观各殿堂的神像五十七尊全部泥塑，从济南买了纯金的金箔贴了神像，从这个时候开始洞天老观更加神圣庄严了。

◎ 护坛土地像

◎ 无量观开光活动

1980年4月23日，无量观上下一片欢腾，省道协战全生会长、省佛协迦波会长和省、市政府有关部门的领导都光临老观，在许大师的主持下，隆重地举行了神像开光活动。道众们从此过上了正常的宗教生活，宗教信仰自由，使得无量观道众不用再偷偷摸摸地过宗教生活了。

1983年，许大师当选为鞍山市人民代表、市政协委员，后又担任常委。无量观成了千山道教的一面旗帜，信教的人感到舒坦，

◎ 无量观小蓬莱

不信教的人们看了也感到舒坦。一朵鲜花不是春，群花都开才烂漫。1984年，许大师担任鞍山市道教协会会长，负责指导千山和市区各道观的教务工作。他还亲自参与挖掘整理千山道教文化的工作，成立千山道教乐团亲任团长，带领道众弘扬千山道教文化。他还为无量观增添了一处亮丽的景观，这就是新建的小蓬莱客堂。无量观朝钟暮鼓，香烟缭绕，东来紫气，好一派洞天气象。美丽的西阁在历史上就被传称为千山的小蓬莱。

## 开创东阁 古观中兴

许大师是一位高寿的老人，在生活上非常俭朴，从不乱花一分钱，省吃俭用，他大公无私，以身作则，治教有方。他多次向政府提出先师的遗愿，就是要建东阁。把无量观圣境云龙的左臂完善，西去函关与东来紫气呼应起来，使无量观更加神圣庄严。满山遍野的树木由绿变黄，秋色越来越浓了。许大师站在客堂前向远处眺望，自己魂牵梦绕的那个理想之所还是岩石嶙峋，树木丛生，幻想多年的东阁庙宇群落未能落实，他不禁惆怅起来。这时鞍山市宗教处处长刘明省找到了许大师，说："建东阁的报告我看了，这是功德无量的事情，但必须经省市领导和有关部门批准才能动工。"1990年春天，省市民委正式批准了修建东阁工程，东阁工程于1991年春天开始动工修建。

◎ 无量观东阁八卦门

◎ 无量观的开光活动

许大师亲自到现场监工指导，从早晨太阳露出大地，到晚上日落西山，他都坚守在施工现场。他不怕艰险，放炮破石，乱石横飞，数块大石落在他的面前，大家都为他捏一把汗，可他安然无恙，没伤一根毫毛。有人问他："放炮乱石满天飞，你离那么近，就不怕伤着吗？"许大师说："不要紧，有护法保佑啊。"在炮破岩石之后，烟尘散去，在施工现场，许大师亲眼看见从山峦岩缝中爬出的蛇群，其中一条三米长的蟒蛇在爬行中看着许大师。许大师对天说："协助建堂另辟新居，等工程完时修护法堂。"群蛇很快消失得无影无踪了。许大师主持修建了护法堂，以护老观平安吉祥。

1993年农历六月十九日，天空晴朗，万里无云。在许大师主持下，举行了隆重的开光典礼。许大师了却先师遗愿，心中无比欢喜。道众看到无量观的完善庄严，心中也无比欢喜。游人览胜看到锦上添花，也是从心里喜欢。

许大师的徒弟王崇道被选为无量观监院，不负众望，承接了许大师爱

◎ 无量观的慈福阁

国爱教精神，一身正气，2000年9月，工作修行并举，带领道众把无量观管理得井井有条。历时三年创建了宏伟壮观的慈福阁，也成为服务观赏的一个亮点。前事不忘，后事之师，为缅怀历代祖师们创立道场，弘扬教法，服务社会，利益众生的业绩，修建了祠堂，将开山祖师刘太琳大真人、张一麟大师、许信有大师的法像及历代监院、先后羽化老道士的牌位供奉在祠堂之中。

# 纯正教风　广结善缘

今逢盛世，国泰民安，古老的道教正呈现出新的生机和活力。落实宗教政策后，无量观在爱国爱教、德高望重的许信有大师主持下，道风淳朴，道场庄严，道法兴隆。承先师之遗愿，建雄伟之东阁，使老观更加完美恢宏。十年动乱期间，多数道众被迫还俗或他往，许大师虔诚信仰，坚守道场，带领千山僧道人员度过浩劫。恢复宗教活动后，许大师广纳弟子，重振玄风，培养了许多年青优秀的道教后辈人才，为千山的道教事业做出了巨大贡献。许信有大师被后人誉为"千华道教中兴之祖"。1993年6月，他

◎ 许信有大师在打坐

所住持的无量观被评为"全国道教界的爱国爱教先进集体",他本人也被评为"先进个人"。

许大师关心爱护道众胜过自己,道众也把许大师当作自己的亲生父亲。许大师经常教导弟子要慈悲为怀,以慈悲之心接人待物,爱护道观的一草一木。他不贪庙上的一分钱,他发现有的徒弟行为不端,他总是根据其人的个性和实际情况进行说服教育。说也奇怪,他有时站在那里不说话,徒弟们也会领悟他的意思,自觉地去工作。他每天不是指手画脚去指使道众,而是处处身体力行,以身作则,去启示道众们自觉地修行和工作。许大师注重传承教育,对自己的徒弟要求特别严格,如严父一般,教育有方,他的弟子有的当了省市级道教协会会长,有的当了宫观监院。

许大师对入山朝观的游人特别慈悲,对有困难的人自己掏腰包进行资助。1984年,有一个黑龙江人,被人偷了钱包,身上分文不存,他拿出自己的生活费,给这个人解决路费,平安回了家。1986年,有一个少女跪在他的面前,苦苦哀求出家,否则以死了断,不愿生还。许大师心知此女可能有伤心的大事解不开,便耐心做她的思想工作,最后少女说了实话。她是沈阳某工厂的保管员,管她的领导欺负她,她不从,闹翻了,没法再工作下去了,就决心上山出家。许大师问她:"还有没有能管这个领导的人?"她说:"有局长能管他。"许大师说:"好啊,那你回去找局长反映情况,说明原因,解决不了,你再回来找我,我帮你。"那少女回去照许大师说的办了,那位管她的干部受到了处分。她的工作顺心了,给许大师写信叫爸爸,说是她的再生父亲。类似这样的事情还多得很呢!

有什么样的师父,就有什么样的徒弟,在他的教导下,弟子们也都心怀慈悲,广行方便。1989年大连某校一个学生,从天上天附近坠落,卡在峭壁的石缝上,道众用绳子把他救下来。许大师以慈悲为怀,经常对受灾地区捐钱捐物,对贫困山区上不起学的孩子舍钱资助,对困难的看不起病的人舍钱看病就医。他一生结了无数的善缘,有国内的,还有国外的。如马来西亚、法国、越南、俄罗斯、日本等国的游客,凡是接触他的,都留下了美好的印象。

  1995年10月8日，天空阴云密布，许大师含笑谢世了。10月10日许大师被追升为沈阳太清宫丛林第二十一代方丈。14日上午全观道众、市有关领导及各方人士在无量观举行了隆重入塔仪式。人们怀念这位德高望重的老道长。刘明省先生诗赞："全真一脉传千载，龙门教派洒半天。丹心映彻藏真塔，太和之气万古存。"

# 传承文化开奇葩

　　美丽的千山，千姿百态，明霞作装饰，美玉当成颜，要问朵朵善画有多少，九百九十九朵芙蓉。在这里道教历史悠久，道教传统文化极为深厚。可惜，许多鲜为人知的事物，淹没在历史的沧桑变化中了。值得庆幸的是道教后继有人，有学养深厚的道门大德，为继承和弘扬千山道教文化做出了极大的贡献。特别是著作《千华山志》的刘伟华信士和指导挖掘《东北新韵》的战全生道长。

# 跨涧攀峰　　撰志修史

《千华山志》是记载千山人文、自然景观的重要志书，对后人了解千山古今概貌很有价值。这部志书是民国年间辽阳县刘伟华编纂的。刘伟华名永福，字伟华，1894即清光绪二十年，农历正月二十七日出生于辽阳县城北小黄金屯村的一个贫寒的农民家庭，念过私塾，天资聪明，刻苦好学。1919年考入沈阳高等师范学校博物系。自学诗、史和书画，博览群书，孜孜不倦。他任过小学、中学教师，校长等职。在教学之余，长期努力收集千山文化资料，1920年以后，就开始撰修千山志书。

千山山峰，峰峰如同朵朵莲花，又叫千华山。此山若在中原，可与五岳媲美。伟华幼年家住山北，开门即见千华。春雨苍松滴翠，夏云奇峰幻影，秋霜树叶殷红，冬雪峰峦皎洁。他爱慕千山的壮丽和神奇，依恋的心情达到牵魂梦绕的程度。他在任教期间，每逢寒暑假日，就到千山考察，足迹踏遍了朵朵莲花和寺观，经常餐宿寺观中，看看金匾、金联，瞧瞧碑文和寺观，与僧人、道长们谈古说今，研究道教经典。1931年秋，他与舅舅王子章游千山考察，从七岭子入山，过二峰夹谷的灯笼门，经王太祥祖师创建的玄真观，刘太琳祖师创建的下院鎏金庵，到老观沟上爬莲花峰，玉皇阁、观音洞，遍看诸天，经西冈卧虎峰、寿星石、一线天下来，到释道同源的罗汉洞……从无量观下来，西行经过独镇群岳的祖越寺，涉涧水去神圣的圆通自在天尊的圆通观，到龙泉演梵的龙泉寺，经过沟涧西海宫，再爬悬崖峭壁登千山著名的第二高峰的五佛顶，入滴水洞，朝普安观，这是普安和尚修炼得道的地方。经过千山北沟的溪水，过冬天不结冰的暖泉之地，访清代东北著名的刻经处南泉庵。由南泉庵南行爬山过冈进入千山中沟，过洪谷庵，涉足潺潺涧水溪流，观慈祥道人住过的慈祥观，再到五

龙戏珠的五龙宫，经过太安宫，瞧瞧立在山峰上的巨人，那就是石人峰，朝阳宫往西走，就可以见到南北高峰间有泰和之气的泰和宫，看看斗姥宫、圣仙宫。处处都有名胜在其中。在上天桥处有远近闻名的佛爷古洞的所在皈源寺，从景区的西南沟沿路上行，元代雪庵住持住过的香岩寺就在眼前，这是唐代五大禅院之一，景色古迹都叫人流连忘返。考察北峰下元代雪庵祖师住过的雪庵洞，雪庵打坐的炼魔石，元代雪庵塔碑、雪庵塔，忙得伟华头不抬，眼不睁。涉过溪

◎ 南泉庵山门

流，东去爬上千山最高峰仙人下棋的仙人台。它是千华山的第一高峰，其高七百多米，这山也就是当年神仙丁令威化鹤落脚的华表。在这个仙人台上，仰观广阔的天空万里无云，南望渤海云雾蒙蒙，北瞻鞍山与辽阳，东俯岫峰座座，西眺台海一片庄田。伟华站在仙人台上，展现早晨红日东开的壮丽景观，傍晚看夕阳落于层山叠峦间。看美景伟华可没忘考察，由仙人台向东行，可见昔年一甜井、一苦井的双泉观，沿冈梁东行，通明夕照、佛手拿空、碧桃献寿、四大金刚所在的大安寺就在面前。它是唐代五大禅林之一，古迹遍寺。南沟地区还有中会寺、滴水蜃楼、犀牛望月、净瓶峰，以及凤凰砬子与奇特的凤朝观等。

在千山门东过大河到过去有名的和尚庄。这里原来是龙泉寺下院，景致也很美。在脚踏山水湿地考察中，获得了大量珍贵的资料，为编修《千华山志》打下了坚实的基础。1932年拜见当时担任奉天通志馆馆长白永贞，

白永贞对伟华修《千华山志》一事,大加赞赏,特派张学珊先生为调查员,携工拓取全山碑刻。1933年,伟华两次携李纯刚入山摄影,先后拍摄照片500余幅,择优入志,以传真貌。伟华遍览群书,历访高人,春夏秋冬笔耕不停。为了弄清有关的问题,也曾不惜花钱,带床入山。每天日出东方时,就在寒风或酷暑中,精考古迹史实。日落西山时,就与青灯黄卷打交道。1933年末,所修志稿大致就绪。在以后的岁月里,直到1962年1月在北京病逝前,都在对志稿进行补充和修改。踏实学道的弟子,卓越的道心,难得的精神啊!

## 史留华夏　爱国惠乡

千山峰花朵逗人游，文化传承无止境，伟华志书是凿证。没有刘伟华撰修的《千华山志》，今天有许多史迹，将被历史沧桑变化所淹没。伟华是沈阳太清丛林葛月潭方丈的关门俗家弟子，在书稿写成的时候，葛方丈在和朋友闲谈中说："可惜千山大好的名山，没有人撰写传载史迹圣境啊。"朋友告诉他的弟子伟华已经编著《千华山志》书了。方丈急忙向伟华要书看，见其志书内容丰富多彩，洋洋大观，高兴极了。考察精深详细，笔墨词句清秀高超，方丈高兴地说："这太好了，名山盛业堪传后世不朽。"

葛方丈在羽化那年的春天，还为志书作序。沈阳缪润绂太史，辽阳白永贞先生为志作序。全志30余万字，分8卷14册，纲目体例，分别为总录、庙宇、胜迹、释道、人物、物产、艺文、志余。全志分开是几卷，合起来是一书。志书对千山寺庙，特别对圣境无量观的由来，创建的时间，建筑位置，创建无量观的祖师，道教的派别，历史沿革，旧志的考证，殿堂道舍，

◎《千华山志》封面

供奉的神像等等，都进行详细记述。宏观庞大，细致入微。全志以寺观和景区为纲，取著名景点167处，文图并茂，寺庙与景物相得益彰。详细地介绍了佛教、道教的历史源流，各自的派别，庙院，信奉，戒律礼仪，出家，挂袱，器物及丧葬等知识。这部志书形象真实地记录了千山的自然景观、人文景观和历史遗迹，内容丰富，编制精美，在民国年间所撰修的山志中是很少见的。它是研究千山、辽东文化史，开发千山旅游资源极为有价值的著作。

刘伟华先生家境贫寒，常常收入不够支出，书资无济，修志中途坎坷，幸有贤妻王菊寿多方筹措，得渡难关。当时日伪出版界提出要给他出版，伟华先生断然拒绝，表现了一个爱国学者的民族气节。1958年退休迁居北京，所持之物就是这部相伴39年的志书稿。1964年1月是伟华先生去世的第二年，其子女按照刘伟华的遗愿，将这部《千华山志》手稿捐赠给了中共辽阳县委。2002年，辽阳市政府十分重视，对志稿进行了整理得以出版与读者见面，真是可敬、可歌、可庆呀！

# 挖掘道乐　组建乐团

由千山无量观流传下来的东北道教音乐，在中共鞍山市委、市政府的重视下，经过战全生道长和许信有大师参加工作，在20世纪80年代中，挖掘整理出来具有东北地方风格的道教音乐。由于战、许两位道长的爱国爱教积极工作，濒临失传的嘹亮豪放、清虚流畅、音韵宽厚、余音缭绕动听的东北新韵得以复生，成为道教音乐中的一朵奇葩。

道教音乐是在历史的长河中逐渐形成的。全国各地诵唱的《全真正韵》也就是十方韵，因融入地方色彩各地就有所不同。东北新韵产生于近代，在百余年前，即清道光、咸丰年间，有阙氏二兄弟，原为京剧演员，因感尘世多怨，幻海无常，到千山无量观出家为道。二人用毕生的精力，创作了《东北新韵》。新韵产生后，很快在东北道教中流传。千山流传的新韵多达四百余首，除韵类外，还有词类。新韵的特点是嘹亮豪放，清虚流畅、音韵宽厚，余音缭绕动听，现在东北道教全真派宫观多采用新韵。由于历史沧桑变化，战乱的破坏，新韵已濒临失传。在20世纪80年代，鞍山市"三集成"领导小组在王廷风组长的领导下，市群众艺术馆的佟桂勤、郭久钦、郭丽华、李成中，市民委宗教处刘明省，千山景区管理处的邱泠，市博物馆的

◎ 千山道乐团演出

◎《千山法会》资料录像带

张福岳等人参加对千山佛、道教音乐文化的挖掘整理，拍制了千山第一部宗教资料片《千山法会》，分上、中、下三集。

在挖掘过程中，省文化厅的同志参加了拍制工作。在此基础上，市民委与市电视台还联合拍制了千山第一部宗教影片《千山出家人》。千山无量观许信有大师与徒弟们给予了大力支持，并参加了拍摄制作活动。

1989年3月，千山佛教音乐团、千山道教音乐团成立。总团长王延风，副总团长佟贵勤、金乃钱、庞庆超，秘书钟庆华、刘明省、邱泠，顾问丁鸣。道教乐团团长许信有，顾问战全生。乐团主要经师有：战全生、许信有、冯崇德、陶礼修、宋长波、吕昆、赵兴普、李恩宇、孟崇然、刘崇尧、刘崇莲、张崇新、王高静、孙高真等。

千山道教音乐团顾问战全生大师，俗名战凤阳，1915年10月16日出生于辽宁省盖县

◎ 战全生大师

◎ 千山道乐团战全生（中）、许信有（左四）、冯崇德（右四）、陶礼修（左三）、经师与刘崇尧（左二）、王高静（右一）和孙高真（右二）等合影

城北青石岭堡村。12岁到盖县县城城隍庙出家，1937年于沈阳太清宫受戒。1938年重回盖县城隍庙。战大师在修行学习中，对中国传统的书画产生浓厚兴趣。中国画自身特点：一是墨，二是诗书画合一，三是远取其势，近取其质。他决意去北京学国画。1939年因病回盖县城隍庙，同年到沈阳太清宫任经师。战大师深明道经，头脑聪慧，博学多艺，对道经音乐，尤其对东北新韵，非常精通。1944年秋在盖县城隍庙任监院。1947年到沈阳太清宫任经师及都管。1958年任沈阳市道教事务委员会主任。1961年任辽宁省道教协会秘书长，1978年任会长。1981年任中国道教协会常务理事，辽宁省政协第四届、五届、六届委员会委员、常委。20世纪80年代，到千山无量观积极参与对濒临失传的道教音乐进行挖掘与整理工作，1989年3月，千山无量观道乐团成立时，任道教乐团顾问。战大师多才多艺，德艺双馨。是一位不可多得的道教奇才。可惜于1996年农历八月十四日，在沈阳太清丛林羽化。

# 东北奇葩　音震华夏

从千山道乐团成立之后,顾问战全生和团长许信有,为了弘扬道乐东北新韵,心心相印、同心同德共同挑起了传承文化的重任。

道教东北新韵,大韵共十三首,其中五阳韵、八阴韵。阳韵是给祖师圣诞、世人祈福求寿、消灾免难而用的,也是为祈祷富国裕民、国泰民安、风调雨顺,做吉祥道场而演奏的。阴韵是做水路道场,超度亡灵而演奏的。还有小韵六首,走马韵十首,忏韵二首,诵经调七首,各具特点。新韵除韵类外还有词类,千山唱的新韵嘹亮豪放、清虚流畅、音韵宽厚、余韵缭绕动听。

道乐由笙管为主的管乐和打击乐组成,曲目有《白鹤飞》、《秋雨梧桐》、《江河水》、《鸾凤鸣》、《三炷香》、《三荆子》、《三清赞》、《群仙聚会》、《天尊韵》等诵唱曲和乐曲两部分。演出既具清虚神秘的宗教色彩,又有浓郁的辽南乡土气息,节奏轻快,旋律优美,庄严中蕴含着豪放,典雅中浸和着清柔,充分表现了中国道教音乐东北经韵的独特风格。千山道乐团多次参加地区性

◎《千山出家人》影片

◎ 2001年5月千山道乐团王崇道团长率团到绵山大罗宫参加罗天大醮活动留影

的演出、录音和录像等活动，协助鞍山市电视台摄制了千山首部宗教影片。为弘扬道教文化做出了积极的贡献，受到了广大群众的欢迎和社会赞誉。成为东北道乐奇葩，道教东北新韵震动了华夏大地。

  2000年9月，王崇道道长当选为千山无量观监院后，对千山道教音乐团的工作也十分重视，2001年5月，辽宁省道教以王崇道为团长，李真悟、王崇彻为副团长的千山道教音乐团，一行三十人，到山西省介休市绵山大罗宫，参加中国道教协会举办的第二届祈祷世界和平罗天大醮大法会。

# 钟灵毓秀聚才子

千山是中国的名山之一，无量观是千山风景区一颗璀璨的明珠，自然景观和人文景观浑然一体，奇异的山峰，林立的怪石，参天的古树，幽深的岩洞，雄伟的殿宇，峻美的塔林，美景星罗棋布，使无量观名闻遐迩。成为游人览胜的胜地，也是才华横溢的文人抒怀咏物的佳所。古往今来，他们在摩崖上题撰名句，令人赏心悦目；在殿宇的门楣上挂匾题联，给人以画龙点睛的启迪；在无量观写了许多赞美无量观的诗歌、游记，怡情抒怀，给无量观增添了无穷的魅力，吸引着广大的游客品味；在无量观有不少金石碑刻，记述着建庙的经过，彰显着建庙人的功德。钟灵毓秀聚才子，历代才子给无量观留下了许多宝贵的文化财富，融汇了丰富多彩的道教文化。

## 摩崖石刻　赏心悦目

千山无量观有许多石刻，多是明代、清代及民国时期名人所书。刻在山崖之上，涂上红颜色，字体大而醒目，远处站立仰望，会让你深思，让你遐想，让你为之震撼，背后的故事更让你赏心悦目。

"振衣冈"刻在无量观三官殿北山险峻的陡壁之上。刻于1570年，即明隆庆四年，向程所书。书者向程，浙江慈溪人。1565年进士，即明嘉靖四十四年，曾任巡按辽东御史兼提督学政，官至副使。隆庆四年到辽阳视察，在辽阳地方官吏的陪同下，到千山游览，见此处山势陡峻，伫留许久，官员们知道向程学问渊博，擅长书法，就请他题字，他联想唐太宗李世民在645年，即唐贞观十九年东征高句丽时曾驻跸千山，一日率文武大臣登上此冈欣赏风景，一阵山风吹动了战袍的传说，便题写"振衣冈"三个楷书大字，字大如斗，雄浑有力。随行官员拍手称赞。事后镌

◎ 象鼻峰石刻（张平化诗，王廷风书）

◎ 释道同源

刻在陡壁之上，虽然经过四百多年的风摧雨蚀，现在还完好地展现在游人眼前。

　　"释道同源"刻在无量观西阁北侧罗汉洞南洞口右上角的石壁上。此四个大字是无量观开山祖师刘太琳亲笔所题。罗汉洞是出家人静修之处，当年祖师刘太琳入千山之初曾在这里修真养性。这块地方原属佛教祖越寺所有，刘太琳通过与祖越寺僧众友好协商，以灵山40顷良田相换，才将此地划归无量观。在大修时，对罗汉洞中佛像进行了改动，重塑洞中十八罗汉像，又在罗汉洞下面平台建正堂慈云殿，请出罗汉洞中的观世音菩萨像，在慈云殿中另塑观音菩萨像庄严升座。刘太琳为了感谢祖越寺僧人，不忘当年曾在罗汉洞中清修以及祖越寺僧人对他的支持，便题"释道同源"四个大字，说明佛教和道教有着相同的渊源。楷书雄浑厚朴，笔力刚健，雍容大度，镌入岩石之中，历经三百多年，依然如初，意境深远。后辈弟子遵循祖训，和佛教同在千山，和睦相处，广结善缘，弘扬道教。

◎ 聚仙台

"聚仙台"三个字刻在葛公塔西南侧的石壁上,由葛月潭书。葛月潭,山东省邱县人,1931年12月,葛月潭到无量观弘道,和弟子们沿着石阶而上,步入塔林,瞻仰八仙塔、刘太琳祖师塔若有所思,见一高大石壁独立,又见旁边巨石青圆可爱,想到自己已经78岁了,不久也将羽化升仙了,到此处和先师聚会,就让随行弟子笔墨侍候,挥毫亲书"聚仙台"三个隶书大字,行笔藏锋逆入,蚕头燕尾,波磔分明,中锋厚重,给人以方劲凝重、雍容大度之感。

"化险为夷"四个字镌刻在无量观莲花峰的峭壁上,此字是陈兴亚所题。陈兴亚字介卿,辽宁海城县人。民国时期曾任东北宪兵司令、将军府参谋、陆军少将等职。1926年游览千山时作诗10首,撰写《游千山记》。当年陈兴亚偕夫人及随行十余人游览千山无量观,见七步紧、八步松的景点气势十分险峻,游人到此倚壁背涧,回首生畏,年年都有游客掉涧摔伤,便发善心捐资凿山崖做蹬,再加上铁护栏,使游人经过此处再也不会有危险。四个大字的意思是改变了险阻为平坦的道路。四字为楷书字,布白疏朗闲逸,虽字字独立,但笔势流畅,给人深厚爽朗之感。

◎ 化险为夷

此外，"洞天"，刻在无量观东山望景台的峭壁上，是"洞天福地"的简称，是道教所说神仙所居住的名山胜境。为1931年刘谷如游览无量观时所书。"灵峰"，刻在无量观塔林左面"聚仙台"旁边的岩石上。"灵"以前作神解释，其意是神仙聚会的山峰，为原沈阳市博物馆馆长、辽宁省书法家协会主席沈延毅撰书。"道山不老"，刻在无量观门外峭壁芙蓉峰上面，其意是有道教活动的山永远有生命，永远年轻，为1924年4月尚其美撰书。"毛主席万岁"刻在无量观莲花峰北的峭壁之上。其意是中国人民的伟大领袖毛泽东主席千秋万代永存，人民江山万年长青。为1953年鞍山市人民政府办公室主任石轩所题。

"千山不足千，人造一株莲。此说谁为证，请询天上天。"此诗刻在老君殿上方的峭壁上面，其意是：千山不足一千个峰头，只有九百九十九个峰头，人们为了补足一千个峰头，又人工造了一个峰头。这种说法谁能证明呢？你登上了无量观的天上天，放眼眺望千山群峰就能够知道了。诗为中共中央宣传部原部长张平化作，由中共鞍山市宣传部原副部长、鞍山市书法家协会原主席王廷风书。

此外，景点题名刻石较多，以取象形之意取名题刻的"寿星石"、"一

◎ 万岁峰

线天"、"鹦鹉石"、"猪首峰"、"卧象峰"、"卧虎峰"、"蛤蟆峰"等，以状物之意取名题刻的有"木鱼石"、"拴马石"，以方位取名"鹦鹉洞"（洞在鹦鹉石景点下面）、"天上天"（在一步登天景点侧上面）。

千山峭壁上的刻石很多，琳琅满目，慢慢欣赏，细心品味，每一处刻石都有着它独特的意境和趣味。

## 楹联匾额　画龙点睛

无量观是千山道教龙门派的祖庭，始建于康熙六年。康熙十七年，创建观音阁。雍正五年，创建老君殿。道光十六年创建三官殿，道光二十六年，创建吕祖殿。1991年动工创建碧霞殿、祖师殿。这些人文景观完美壮观。门前名人书写镌刻的匾额、楹联文辞秀雅，情景交融，丰富多彩。书法楷、行、草、隶、篆各体都有，或古朴厚重，或恬淡飘逸，使壮观的殿宇增色不少。

随处有三官欲呵护多灵只在心官不昧；
何人行百善非祷祈即应仍须首善为先。

这副联句挂在三官殿，为臧乃用撰书。清朝光绪九年农历九月下旬，层林尽染，红叶满山。辽东名士臧乃用，字允廷，奉天（今沈阳）人，又率子弟十余人畅游千山。他和无量观监院马圆一、智光道人都是老朋友，每次拜山都一起谈诗论文，他与智光道人的《咏无量观二十四景》诗流传很广，常为人喜诵。他们到刚修好的三官殿，叩拜上元赐福天官、中元赦罪地官、下元解厄水官像，后归客堂小坐饮茶。马监院知他研诗工联，才思敏捷，又擅长楷书，就请他题联。他有感而发，端坐挥毫写下此联，就人在世间如何能得到幸福，获得长寿表达了自己的感悟。上联的联意是：随便什么地方都存在着天官、地官、水官，要想求得他们的保佑得到幸福长寿，必须不欺骗，不贪婪，心境坦然。下联的联意是：有的人自始至终都做良善美好的事情，并不是向神灵祈祷就能够得到幸福平安，必须把与人为善放到首位。

水界辽河山通华表历数代毓秀钟灵真乃东都胜迹；
千峰拔地万笏朝天看四时晴岚阴雨遥连南海慈云。

这副联挂在观音殿，是臧乃用在同一天为无量观书。走出无量观客堂，马监院陪同臧乃用一行向西南转入西阁，到慈云殿叩拜圆通自在天尊及眼光娘娘和子孙娘娘像。归监院室稍微休息一会，想到千山地理位置、历史地位、千峰挺拔，无量观是千山的中心，风光秀丽，四时变幻，也是弘扬道教的中心，立即挥笔。上联联意是：千山的西面以辽河的水为界，东与华表山峰接壤，历经唐、辽、金、元、明、清等朝代，聚集了天下灵秀之气，的确是东都辽阳的佳妙胜迹。下联的联意是：千座山峰拔地而起，巍然屹立，如同笏板仰首向着天空，注视着一年四季的阴晴变幻，远远地连接着南海观世音菩萨慈悲的心。用楷体书写，楷法严紧平实，用笔遒劲秀润，结字端庄安详，左右行距宽疏，笔致清润，有儒雅秀逸之风。

1894年，即光绪二十年七月，初秋雨后清爽，天高云淡，鸟语花香，佳木阴翳，有三位东北地区文化界泰斗张英麟、缪润绂和锡钧相邀结伴同游千山。一路观光览胜，联诗唱和，不觉就到达了无量观。马圆一监院虽然年过古稀，依然硬朗，陪伴三人进殿焚香礼拜，最后转到客堂休息待茶。吩咐弟子刘明杰、金明诚等整理书案，纸墨侍候。三人凝神静思少许，各自撰书

◎ 臧乃用撰书楹联

一副楹联。

极是道宗太极还从无极起；
元为善长三元总自一元分。

这副楹联是题三官殿句，张英麟（1838—1925）撰书。张英麟，字振卿，山东历城县人。1865年，即同治四年进士，1891年，即光绪十七年任奉天府（沈阳）府丞兼学政，1908年，即光绪三十四年任晋都御史。

上联的联意是：极的理论是道教学说的根本，宇宙万物的存在和发展是由最原始的悟性无象的本体中开始生成的。下联的联意是：天地万物中美好、善良的事物是第一位的。滋养人类，孕育万物的天、地、水是从宇宙形成之初那种天地不分、浑然一体的状态中分离出来的。书法楷书，字字俊美，内紧外松，笔势舒展，灵秀滋润，通篇神采奕奕，气韵生动，给人气宇融合之感。

瀛海培根七朵金莲咸烂漫；
磻溪灌蒂万枝玉叶总芳菲。

◎ 张英麟撰书楹联

这副楹联是缪润黻清朝光绪二十年农历七月为无量观慈云殿撰书。缪润黻（1851—1939），又名裕黻，字东麟，或作东霖，别号太素生，奉天府人，隶汉军正白旗籍。1892年，即光绪十八年壬辰科进士，官至临清直隶州知州。工诗善书，经常到千山游览名胜，坐馆讲学。由他命名的景点达四十多处，写了一百五十多首歌咏千山的诗篇。

◎ 缪润绂撰书楹联

上联的联意是：用南海的水来培养根基，七朵莲花全都色彩鲜艳。下联的联意是：用磻溪的水来浇灌花蒂，繁茂而纯洁的枝叶总是美丽芬菲。书法用楷书，字字独立，上下笔意呼应，结体稍向右起，略带纵势，方润疏朗，清雅端静，给人以超凡脱俗之感。

咸通中不第而遇仙湘水庐山绵道脉；
古洞内参玄以尽性天曹雷部广神通。

这副楹联是锡钧在1894年，即清朝光绪二十年，农历七月为无量观客堂撰书。锡钧，字聘之，沈阳人。1867年，即同治六年丁卯科举人，1877年，即光绪三年丁丑科进士，钦点翰林院庶吉士，翰林院侍读学士，官至内阁学士兼会议政务处提调，晚年回沈阳，任法政学堂监督。

上联的联意是：吕洞宾在唐代咸通年间（860—874）参加科举考试落第遇到仙人钟离权，拜他为老师，跟着他修道在湘水、庐山等地，继承并传播道家的教理。下联的联意是：吕洞宾在古老的洞府内参修道家教义是为了最大限度地发挥慈悲度世的本领，与天上的宫署、司掌雷电等部门的各路神仙广泛地交往。书法隶书，用笔藏锋逆入，笔画长短、粗细、方圆皆顺势自然变化，结构平实端稳，宽博疏朗，设奇险于平正之内，寓疏秀于严密之中。

瀚月空山蓂荚落；
露风灵响海天高。

这副楹联是由陶懋恭撰，吕翼文书。陶懋恭，字默存，四川万县人。拔贡出身，曾任贵州瓮安县、铁岭县知县。1898年，即光绪二十四年八月任辽阳知州。吕翼文，成都人，举人。陶懋恭与吕翼文是同乡好友，一起到千山览胜。上联的联意是：无边的月色掩映着虚无缥缈的山峰，生败纷纷的瑞草。下联的联意是：湿润的晨风发出美妙的回声，回荡在海一样辽阔、天一样高远的万里晴空。联中赞美千山月色、山峰、瑞草、晨风、风声、清空的秀美。书法篆书，大小匀称，笔画雄深圆劲，结构朴茂自然，具有端凝卓异的风格。

三教同源太极原从无极起；
万缘一善众生须及有生修。

这副楹联是1926年农历十月王树常撰书。王树常，别号霆午、庭五，辽宁省辽中县人。1928年后任天津卫戍司令部司令，河北省主席，中央军事参议院副院长，甘肃绥靖公署主任等职。上联的联意是：儒教，道教和佛教都有着相

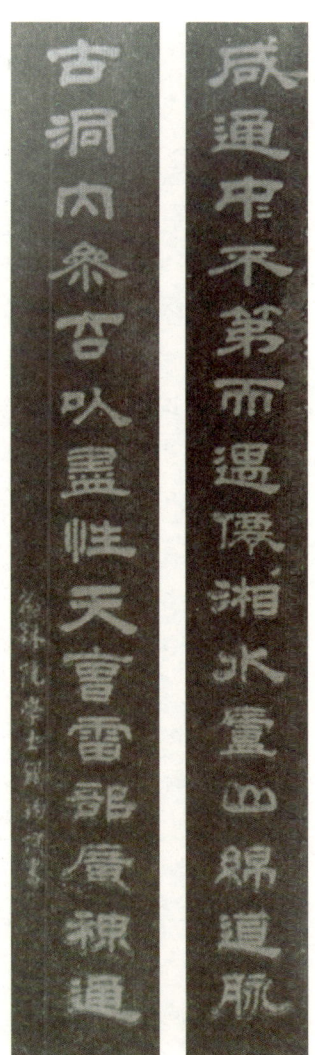

◎ 锡钧撰书楹联

同的来源，如同宇宙万物的生存和发展，本来是从最原始的无形无象的本体中开始的。下联的联意是：万物的发生、发展和消亡是以美好和善良作为条件的，人们应该趁着现世的一生去修习和实行善念。

　　　　　暖翠晴岚永钟秀气；
　　　　　瑶台玉宇长驻阳春。

　　这副楹联是王大中于1926年7月撰书。王大中（1888—？）字仲樵，辽阳城内东四道街人。曾任奉天军粮服厂总办，陆军军需监，后任镇威军外交处处长，陆军少将衔。伪满洲国时，任宫廷侍从武官长、宫内府顾问等职。上联的联意是：初秋时节，晴空万里，林中雾气缕缕缠绕着青翠色的群峰，永远凝聚着超凡的优美气势。下联的联意是：无量观画栋雕梁的楼台殿阁如同神仙居住的洞天福地，永远充满着温暖的春光。

　　门前绿水开明镜；窗外青山列画屏。宠辱不惊闲看庭前花开花落；去留无意好仿天际云卷云舒。鸟语花香何处更求阆苑；山明水秀此间便是蓬莱。这些楹联年代久远，作者失载，但读起来爽口，通俗易懂，明快清新，意境深远。

　　无量观殿堂门上和殿内高悬许多匾额，耀人眼目。门上高悬的匾额多为殿阁的名称，让游人提前知晓是观中殿名，殿内高悬的匾额多为盛赞殿内所奉祀的神仙的地位和作用。道教宫观的匾额，是道教优良的传统文化。它承前启后，继承和发展着道观文化，也起到启迪的作用。这种文化源远流长。无量观的匾额"道德维经"立于1808年，即嘉庆十三年四月。"道教之宗"立于1814年，即嘉庆十九年十月，信士高洪山敬立。"帝鉴恒真"立于1816年，即嘉庆二十一年，海城县信士张福敬立。"神光普照"、"德并浩生"，立于1819年，即嘉庆二十四年七月，奉天正黄旗汉军胡瑢敬立。"苦海慈航"立于1816年，即嘉庆二十一年六月，信士叶天儒敬立。"莲座流霞"立于1800年，即嘉庆五年九月下旬。"南海云台"立于1814年，即嘉庆十九年九月。"大道无边"立于1863年，即同治二年四月，诰奉资政大夫王云鹏敬立。为赐进士出身、翰林院编修庶吉士谈国楫书。谈国楫，字济武，号保帆，沈阳人。1895年，即光绪二十一年进士，钦点翰林院庶吉士。匾额大意是：道教教义蕴含的内容高深莫测，无边无际。楷书严整疏朗，遒劲秀润。"九霄上相"立于光绪二十年，赐进士出身、翰林院侍读

学士锡钧书。匾额大意是:太上老君为天界之中位居于高位的宰相。"纲维三界"立于1894年,即光绪二十年七月十五日,为奉天府府丞兼提督学政张英麟书,信士钟玉秀和无量观道士敬立。匾额大意是:道家典籍中所传载的理论,应是整个宇宙和众生所要遵循的法则。"万古长青"与"纲维三界"一同立。匾额大意是:无量观风光秀丽,永远充满着明媚的春光。"道岸先登"立于1909年,即宣统元年八月,为1873年,即同治十二年拔贡、直隶州州判赵祖昌书。匾额大意是:道教理论中阐述的理想境界只要信士们真心刻苦修炼,是能够达到和实现的。希望道众虔诚修行,早先得道运彼岸。"东来紫氣"立于清末,为监察御史、湖州知府丁鹤年书。匾额大意是:道教的仙气宛如早晨太阳的霞光,从东方冉冉弥漫飘来。"西望瑶池"立于1926年7月,王大中敬献。匾额大意是:向西遥望西王母居住的瑶池仙境,心中渴望尽早登上仙界。"观自在"立于1855年,即清咸丰五年九月,信士曹翰儒敬献,国子监典籍教谕王福绶书。匾额大意是:赞美啊观世音菩萨。"无量观"立于1994年9月,辽阳市书法家阚宇清题。"老君殿"立于老君殿,系1994年,中国书画函授大学教授、辽宁省师专书法研究会秘书长庄志学题。"道教之家"刻于1980年,时任辽宁书法家协会副会长、中共鞍山市委宣传部副部长王延风书。"赤灵丹天"立于1931年7月,信士李诚实敬献。

◎ 阚宇清先生所题门匾

◎ 庄志学先生所题老君殿匾

　　一方方匾额或大或小，或木或丝织，或锦缎或布质，色彩或红或黄或湛蓝，书法庄重，内涵深远，赏心悦目。无量观匾额有史记载的就达数十方，给无量观人文景观增添了光彩。

钟灵毓秀聚才子

# 诗歌游记　怡情抒怀

千山无量观群峰如戟，高插霄汉，云影岚光，扑人眉宇，翠岭清泉，开拓心扉，文人墨客留下了大量的诗作。仅《千山无量观志》就收录了古今名家181余首颂赞无量观的诗歌。

龚用卿，字鸣治，福建仪安人。1526年，即明嘉靖五年，进士第一名，任翰林院修撰，官至南京国子监祭酒。他的《罗汉洞》诗是千山无量观留下最早的诗篇。其诗："古洞阴崖穿薜荔，奇山怪石出层云。分明似入蓬莱岛，广乐钧天世罕闻。"他在诗中描绘古洞阴崖的峻峭，山石的奇形怪状，高入云天，分明是人间的仙境，世上少有。

爱新觉罗·高塞，号敬一主人，清太宗第六子，封为辅国公，又封为镇国公。他是赞美千山无量观风景诗人中的最高官。其诗："洞户闻清籁，碑文暗绿苔。莲花天际出，渐觉绝尘埃。"述说他看到的无量观景观，在罗汉洞内，能听到清雅的乐声，浏览古老的碑文，由于上面长满了青苔，已分辨不清字迹。登上莲花峰，油然而生绝尘离世飘飘欲仙之感。

郭永慧，号智光道人，是龙门派第十八代玄裔弟子，咸丰、同治年间住无量观。一生写了许多赞美千山无量观的诗篇，最著名的是《咏无量观二十四景》。当年曾附《医俗清凉散》后面闻世，他是一位对无量观景色赏鉴很深的诗人。他在诗中《玉皇阁》写道："高阁崔巍绝世尘，千华顶上证金身。有时乱坠天花雨，五色祥云捧紫宸。"《观音阁》中写道："此地从无紫竹林，白云窟里塑观音。烟鬟雾鬓莲台净，不受尘埃半点侵。"《伴云庵》说："翠岩高筑小山房，隔断红尘人渺茫。到此便为仙世界，何人老住白云乡。"《玲珑塔》中写道："层层挺出碧云丛，七级玲珑面面通。雁塔题名君莫羡，庄严只此是神工。"这些都是赞美无量观人文景观的诗篇，短短四行字，玉皇阁的崔巍，观音洞圣像的庄严，伴云庵的清静飘逸，宝塔的玲珑都跃然纸上。

另外，还有狮子峰、卧象峰、芙蓉峰、无根石、松抱石、太极石、万年松、石鼋松、正直松、密坡松、松柏侣、聚仙台、振衣冈、罗汉洞、三十三天、八步紧等20首诗篇，赞美无量观的自然景观，情感真挚、清新、明快。

臧乃用步智光郭道士原韵作了《咏无量观二十四景》，虽然尘俗与道家心境迥异，也是锦上添花。

在千山游历时间较长，留下诗章最多的是刘文麟。刘文麟（1815—1867）字仁甫，号仙樵，辽阳人。因家居衍水（太子河）的北面东沙浒屯，晚自号衍阳山人。出生在官宦家庭，父亲刘名震拔贡出身，官至四川龙安知府。刘文麟自幼聪悟，青年时期能诗善文。1837年，即道光十七年，参加顺天府乡试，考中举人，时年23岁。第二年，通过会试、殿试，考中进士，第三年年初从政，到达广州，参加钦差大臣林则徐主持的查烟、备战等抗英行动。由于办事敏捷干练，深得两广总督林则徐的器重，先后任命为广东平远县、长乐县、海南岛文昌县知县。他亲历1840年第一次鸦片战争的全过程，清朝大败。创作组诗《感事》八首，是中国近代唯一反映这次大事件全过程的文学作品，被誉为揭开中国近代文学新篇章的诗人。1842年，即道光二十二年，父亲去世，离职守丧，回到辽阳家中。1850年，即道光三十年二月，补河南陈州沈丘县缺，出任沈丘县知县。经过一个月整顿，地方平静，万民称颂。在清理官仓钱谷时，对前几任知县历年亏欠官库的银钱情况进行揭发，忤逆上司，受到打击报复。他看穿了官场的黑暗和朝廷的腐败，愤然辞官。回到家乡辽阳过恬静平淡的田园生活。1857年，即咸丰七年，应聘主讲沈阳萃升书院五年，向弟子们传述忠君爱国的儒家思想。1862年夏天，弟弟玉山感染时疫，英年早逝，冬天母亲张氏感伤过度，撒手离世。他辞去沈阳萃升书院教职，在家中守丧。1867年2月，在忧国忧民中"咯血"去世，年仅53岁。

刘文麟一生英光伟气，政途坎坷不平，从而造就了他和千山绵绵的诗

缘。1844年他服丧期满，本应补官，由于吏治腐败，六年也没能补缺出任，闲居期间，和辽阳名士陈玉章、马珵林、马瑶林等组成诗社，每年春秋佳日载酒邀友到千山畅游，一住就是半个月，诗酒唱和，吟咏山水风光，在古刹宫观中憩息，清洗官场的污浊和烦恼。愤然辞官后，应陈玉章的邀请相伴住在千山读书一年，其间游遍千山的山山水水，古洞幽壑，留下了许多的诗作。1847年至1850年，主讲沈阳萃升书院时，多次偕同人、学子同游千山，奇峰怪石、苍松翠柏、春花秋叶、寺庙僧道皆入诗中，汇成几二首诗章。他去世后，挚友马珵林搜集他的遗诗，精选796首集成《刘仙樵诗抄》，仅千山诗篇近百，其中《登三十三天放歌》是赞美无量观最豪迈的诗篇。诗意令人思索，诗的内容是：

> 高峰插山无与抗，我来高山此峰上。
> 秋光如水洗眼明，六合空虚彻尘嶂。
> 夕阳斜挂手可扪，群山势若连涛奔。
> 苍松红叶互凌乱，白云一气相吞合。
> 中有浮屠古宫室，楼阁参差没还出。
> 微茫白塔列东西，卓立如椽两支笔。
> 天清地旷怀抱开，长风万里西南来，
> 披襟当之何快哉！
> 笙鹤依稀若可接，所愧俗骨非仙才。
> 天兮、天兮！何不化我为此山松石，
> 俾与山牛野鹿同游息，不坠世尘遭屈扼。
> 不然化我为此山之云烟，空中游戏谁绊牵，
> 独住独来千万年。
> 胡为乎！灵我以神明而又胶我以骸干，
> 一丘一壑守亦难，萝薜生愁猿鹤叹。
> 更复饥寒驱迫之，仆仆风尘黑颜面。
> 山灵山灵莫我嗔，我本东西南北无定身。
> 有山如此不得住，愧彼云间肥遁人。

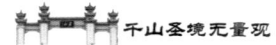

　　这首诗写在1847年，即道光二十七年，这一年的4月3日，英国军队再次武装强行进入广州城，又占领沿海的炮台。7月，洪秀全再入广西发展拜上帝会会员，教徒四处传教，拜上帝会势力日趋扩大。清朝政府皇帝昏庸，政治腐败，处在内外交困的境地。刘文麟当时33岁，在他28岁时，因守父丧离职，公服阙期已满，赴京求职又是三年，补官不得，报国无力，心中愤懑不幸染了重病，滞留在京师。等到了秋天，大病刚刚初愈，回到辽阳家中闲守田园。为了排解心中的烦闷，再次到千山无量观散心。他多次到过千山无量观游玩，1845年来游时曾留诗《偕马西冈重游无量观遂登三十三天望聚仙台振衣冈诸峰》。这回又是旧地重游，松枝摇曳招手，秋果点天欢迎，挥汗前行，由老君殿拾级而上，捷足登上三十三天。无量观东北的两峰之间相距很近，中间有之行门叫"天门"，天门下的峭谷中原有石阶33级，与道经记载的三十三天相吻合，石阶陡险，一级石阶一层天，33级称为三十三天。这首诗属于七言歌行体，诗中说：无量观的山峰高高插入云天，我捷足先登到三十三天，俯瞰无量观的风光尽在眼前。秋天美好的景色像明净的水洗亮了我的双眼，天地四方清静扫除了我在世间的烦恼。夕阳斜挂在山脚仿佛伸手就能摸到，放眼群山，山势好像大海的波涛在奔腾。苍松和秋霜染红的树叶相掩映，白云在头上时卷时舒。俯视无量观中的塔院、殿堂、楼阁，高高低低在树丛中时隐时现。西南面山中的玲珑塔列坐东西，傲然耸立像两只大笔在书空。天高气爽地宇空旷展开了我的怀抱，西南风远远地吹来，使我感到清凉畅快。仿佛有仙人驾鹤吹笙来迎接我云游仙去，惭愧的是我原属世俗的人，不是做仙人的材料。老天爷呀、老天爷！为什么不把我化作千山无量观的松树和岩石，使我能和山牛、野鹿一同游荡休憩，不遭受人世间的困窘。也可以把我化作无量观山中的云雾，在空中遨游，没有阻拦和牵绊，可以千万年自由飘荡。为什么呀？神灵给了一个离尘出俗的慧心，却又给我一个肉体凡胎，还要我忍受饥寒交迫，为了谋生而风尘仆仆地奔波。我不是一个能在无量观这样险峰幽壑中长久住下的人，连萝薜、猿鹤都为我叹息。山中的神仙啊！不要生我的气，我本来是一个东西南北无定身的漂泊之人。无量观这样美好的景色我留住不下来，遗憾啊！我不是一个隐退的人。刘文麟写这首诗时正值盛年，胸怀为国分忧，为民办事的远大志向。在京中等待复职已经达 5 年之久。他领略到官场的腐败和人情冷暖，无奈之中游千山无量观，在三十三天上述说自己淡淡的哀愁。虽然无量观的山好景美，但是还留不住他，使他隐退，他还要为国为民为己入仕拼搏。这也是他在天上天之上的呐喊，向苍天疾呼内心的不平。

此外，明代嘉靖年间工科左给事中郭庭宠、监察御史朱篚、清康熙五十年奉天府丞吕履恒、乾隆年间工部尚书裘曰修、道光年间辽阳州少牧王柘、辽阳书院主讲高作枫、辽阳名士马珵林、咸丰十年宁远州知州刘玘、咸丰年间铁岭岁贡魏燮均、光绪年间大桃知县陈桂生、同治七年锦州府岁贡李奎文、光绪年间康平知县涂景涛、黑山县知事杜光尧、吉林绥远知府许春融、"民国"时期辽宁省政府秘书长金毓黻，以及龚用卿、高塞、吴教滋、杨成能、喻弗尘、白星烈、刘荣甫、刘祥奎、孙太生等名家都写了许多歌颂无量观的诗篇。读起来使人仿佛置身在千山无量观的山山水水之中，感到宠辱皆忘，身心沁爽。

涉及游览无量观的游记有数十篇，明代嘉靖年间监察御史程启充《游千山记》最早。程启充字初亭，四川嘉定人。1508 年，即明正德三年进士，官至监察御史。1527 年，即嘉靖六年，被谪戍抚顺。1537 年，即嘉靖十六年，邀与徐文华、刘琦游千山。徐文华字东严，又字用光，四川嘉定人。正德三年进士，历任监察御史，官至大理寺左少卿，1527 年，即明嘉靖六年，谪戍铁岭。刘琦字北郭，又字廷珍，陕西洛川人。1515 年，即正德十年进士，曾任兵科给事中，1527 年，即嘉靖六年谪戍抚顺。三人同是进士出身，同在朝廷为官，因敢直言，得罪权贵，皇帝昏庸，把他们贬至关外。经十年后遇赦，心情十分畅快，因此相邀同游千山。心情舒畅，景物生色，温泉莹洁可鉴，山岭磅礴盘结，宫观宏阔秀丽，井泉可口甘洌，虽然荆棘塞路，以疋布缚脚，蹒跚而步，仍以诗歌互答。虽麦饼充饥，仍觉得香甜可口。见千峰罗列，高爽清旷，觉得身入仙境，宠辱皆忘。

张玉书，字素存，江苏丹徒人，顺治年间进士，官至文华殿大学士，系一代大手笔。1682年，即康熙二十一年四月二十一日，随从清圣祖玄烨游览千山。经无量观、祖越寺、龙泉寺、大安寺、中会寺、香岩寺往返八日，撰写《游千山记》。真实地记载了一路所行、所见、所感。是研究千山无量观及祖越寺、龙泉寺等五大禅林的宝贵资料。还有陈梦雷，字省斋，福建侯官人。康熙九年进士，授编修。常守方，字职师，河北乐亭人。1844年，即道光二十四年举人。以及辽阳刘廷汉、刘伟华、邹华东，海城戚鸿藻、于省吾，鞍山崔庆田、王家林等都留有游览千山的名篇。亲历亲眼所感，抒之以笔，奇景奇文，千山如画，荡人襟怀。

# 金石铭书　咏古誉今

　　无量观的碑碣很多，古代，在宫殿、寺庙、宅第等大型建筑物的门前，用以辨日影时间的竖石，墓葬前安放的石头，多为长方形，称为石碑；圆首或者形状在方、圆之间，上小下大为碣。在碑碣上刻上文字称为碑刻，其内容有的是官府文告，有的是人物立传，有的是记述兴建工程、名胜古迹的沿革，有的是文人雅士赏景述发的诗文等等。碑刻涉及的事物广泛，有述德、记功、铭人、志事等多种，是价值连城的珍贵史料。现在在无量观人们能看到的碑碣近30方。它记述了整个无量观的发展史，各个时期的建筑、规模、人物情况等等。时间从康熙初年至2008年，跨越340余年。立碑者多为住持道士，有刘太琳、刘清正、和一尼、张一麟、钱来善、王来功、邢本隆、李本叙、郝本美、杜教严、杨永持、静永济、许信有、杨崇信、王崇道等。

　　现在看到的无量观的碑碣中，《创建观音洞碑》是最早的，它是辽阳僧纲司立的。内容是记载创建

◎ 老君殿前清代重立施资修观碑记

观音洞的事情。明代置僧录司,掌管佛教,于各府置僧纲司,各州设僧正司,各县设僧会司,因此,此碑虽未刻年月,也可以认定是明代遗物。薛廷宠等《游罗汉洞题碑记》为明代嘉靖十八年三月十九日立,都指挥使刘大章题,内容是记载翰林院侍读锡山华察工科左给事中福清薛廷宠奉使朝鲜,偕巡按辽东监察御史洛阳乔佑来游祖越寺罗汉洞。《无量观新开观音洞碑记》是清代乾隆二十七年七月住持和一尼所立,书丹人系奉天辽阳州修士增生魏浩。其文述说了和一尼道长开凿石洞的情景:"无量观旧迹石室新建地空色相界,远红尘,朝诸峰而临涧水,接云路而绝人烟,诚哉!招隐洵可养真。适有道士一尼,其人来修于此,以终余岁。怀忘真俗意出形骸,勤勤工程非借土木之力,劳劳创造,何咎一己之才。是观之北有石在焉,蹲踞虎豹体势,乾坤苍苍,其色玄之又玄,砼砼具负,幻而又幻,尼也。兴怀厥洞,维焕辟石腹而存佛像,开妙门以全性天,历年十四载告成,七月间属予是文永志。"传说和一尼道长十分特殊,用这十四年光阴,凿洞挖出的花岗岩,是一斤铜钱换一斤石头,其钱财、时间、劳作的耐力,非一般道长所能做到的。洞内有同年月的石刻,落有刘太琳、刘清正和张一麟的名字。

《重修观音阁塑画罗汉洞碑记》是清代乾隆年间所立,住持道人有刘太琳、成清信、刘清正、王清远、陈一尘、李一香、白一宣、张一顺、高一祥、张一麟等。碑中记述观音阁、罗汉洞所处之奇境,洞先阁后,"住持者也余居山数十载",见阁、洞破旧,筹划修葺,不过三载而成的情况。《重修老君殿碑记》立于清朝嘉庆九年九月,立碑人有辽阳州城守尉宗室宁彰阿、辽阳州知州那昌克阿、礼部道录司刘永祥,道长有刘本德、吕合瑞、李合望、齐合悟、张教正等。

《重修无量观观音阁碑记》内载:旧有观音阁三间,创自前朝,历代有修葺,近年来风雨剥蚀,半就倾圮……下院住持钱来吉不忍坐视,因募化十方重修。

《重修千山无量观钟楼碑记》嘉庆十五年十月,由老祖师刘阳照、张阳关,住持道人钱来吉、钱来善、王素恭敬立。道光五年《重修老君殿碑记》

◎ 嘉庆十五年重修千山无量观钟楼碑

系张复平道长所立。道光二十六年九月《重修无量观西阁碑记》系焚修弟子杜教昆道长立。

《创建吕祖大殿碑记》，也是道光二十六年九月杜教昆道长所立。此碑撰文吴教滋道长，说明殿在振衣冈前，观其地势，青龙、白虎、朱雀、玄武无以不备，甚美，故发愿创修吕祖大殿三间。

诸碑中《无量观葛公塔碑记》最为拔萃。该碑立于1931年，此碑是由王曦葵撰文，刘谷如书丹的。王曦葵，字紫佐，清末辽阳城西黄泥洼二台子人。博闻强记，有不羁之才。宣统元年乙亥科优贡，建立学堂，居家授徒，不求仕进，著有《紫佐诗草》特刊，70岁病逝。碑文洋洋七百多字，记述了葛月潭的生平业绩。葛月潭，道号明新，一字震庚，山东邱县人。曾任奉天斗姥宫住持，为龙门派二十代奉天太清丛林方丈。道行高洁，国画精妙，三次开坛传戒，得戒弟子千百余人。1920年山东凶荒、1930年辽西大水灾，百姓难以活命，他以所绘兰竹画在太清宫开展览会，得钱全部捐给灾区。注重道教文化，在千山无量观收藏《道藏》一书。在辽源建道教庙，在沈阳创办学堂、筹设工厂。1927年北京白云观大难，他出面解救，由于他广结善缘，受到各界人士拥护和爱戴。"中华民国"陆海空军副司令，辽宁省、吉林省、黑龙江省、河北省等四省主席等政界人士32位，姜萌桥、李培芝等俗家弟子15位，发起捐资建塔。沈阳太清宫、斗姥宫出资建塔。1929年开工建筑，第二年竣工。宝塔形具六觚，层高七级，上参碧落，遥映翠微，使无量观增设佳景，令千山圣境生色。

《葛公贮藏碑记》系"民国"二十年张宗伦立，碑刻记载了沈阳太清宫二十代方丈葛月潭于民国年间，自己出巨资购买《道藏》两库，一库藏于沈阳斗姥宫，一库藏于千山无量观。葛公为弘扬道教，可谓深谋远虑。

《创建东阁碑记》系1994年4月，监院许信有大师率徒刘崇尧、魏崇以、林崇太、王崇海所立。碑文记载了创建东阁的历程，规模等实况，为

◎ 重立五甬碑记

◎ 许信有大师碑记正面　　◎ 许信有大师碑记背阴

无量观增光添彩，为千山增添了一道靓丽的人文景观。

《许信有大师碑记》系1995年10月，许大师的徒弟刘崇尧、魏崇一、王崇海、陈崇真及阖观道众敬立。碑质为河北曲阳墨玉石料，碑刻内容概述了许信有大师一生的历程和功绩，以及道众怀念之情。

《重立五甬碑记》为1997年10月杨崇信、刘崇尧、魏崇一、陈崇真及阖观道众立。碑文记载了，经刘明省先生考察确定五甬碑所立的内容及时间范围，为清代刘太琳祖师之后。是清代所立记载无量观修建的碑刻。

《慈福阁碑记》于2003年7月住持王崇道、刘崇满、王崇彻、周崇谦、郑崇恒、武高戒、李高圣及阖观道众立。碑刻记载了创建慈福阁的意义、历程和规模。

《无量观祠堂碑记》系 2008 年 5 月由无量观监院王崇道率道士张崇玄、李高圣、穆高炀等所立。碑质为河北省曲阳县汉白玉石料，原鞍山市民委宗教处处长刘明省撰文，原辽阳市民委调研员庄志学书丹。碑文简述了道教龙门派的历史、千山的传衍，王崇道监院及阖观道众为敬奉刘太琳祖师、张一麟先师、许信有大师的业绩，为他们建祠。

◎ 无量观祠堂碑

# 圣境沧桑传趣闻

　　大约四亿年前，千山还是一片海洋。古生代末期地壳变化，开始隆起成为陆地。大约六千万年前，初步形成了千山地貌轮廓。约在二百五十万年前，千山进一步隆起，有的山峰达到千米以上。此后，经过地壳运动，风化和雨雪冲刷，形成了现在的山貌。山高林密的千山，珍贵的棒槌（人参）、赤箭（天麻）、仙草根（党参）、五味子，各种花卉如杜鹃等植物有八百余种。各种野兽如狐狸、獾子、貉子、黄鼬、狸猫、松鼠等；各种鸟类如黑鹳、老鹰、啄木鸟、红头雕等有的是。道法自然，大自然的美比什么都好。佛教远在南北朝北魏时期就传入千山了，在东汉时期道教徒已经在这里筑庵修行了，明代载入史册。在这漫长的岁月里，千山的神话传说，一个又一个，神仙丁令威化鹤巡归千山，张三丰云游故里等等，故事情节都扣人心弦啊。

# 刘祖创建无量观

无量观位于素有东北明珠之誉的千朵莲花山北部景区。地处群山环抱之中，山势巍峨，峰奇石怪，苍松翠柏，簇拥四周。空明天朗之时岚光缭绕，阴雨绵绵之际紫云笼罩，四时风景如画。人文景观与自然景观星罗棋布，浑然一体。无量观是千山最早、最大的道观，不仅建筑规模宏伟，而且名胜颇多。清代咸丰年间道人郭永慧曾品题24景，即玉皇阁、观音阁、伴云庵、三十三天、振衣冈、万年松、八步紧、罗汉洞、狮子峰、卧象峰、卧虎峰、猪首峰、蛤蟆峰、海螺峰（人头峰）、芙蓉峰、聚仙台、无根石、玲珑塔、松抱石（丹凤朝阳）、太极石、石龛松、正直松、密松坡、松柏侣。其后，又陆续开发了二十八景，主要有可怜松、小蓬莱、夹扁石、天上天、万岁峰、上天桥、拜斗台、鹦鹉洞、一线天、木鱼石、一字天、鹦鹉石、石级山门、十方堂、寿星石、落针亭、三官殿、老君殿、遁颐庵等。这五十二景使无量观名闻遐迩，又因其为千山第一胜境，而成为游人聚集之地。

无量观始建于清代康熙六年(1667年)，是道教徒在千山创建的第一座道观。初期建筑规模并不大，仅有老君殿、慈云殿、八仙塔几处建筑。其后，经历代重修扩建，规模日盛。清康熙四十八年(1709年)、嘉庆三年(1798年)，扩建西阁。嘉庆十三年(1808年)，建钟楼。道光二十六年(1846年)，住持道人钟志秀募金增建西阁客堂。东北沦陷时期(1943年)，又增建大仙堂。1990年，许信有大师又创建了东阁，为千山最大的道观。

无量观的庙宇建筑，均系单檐硬山式的清代建筑风格，多为砖木结构。或傲立高山之巅，或静卧群峰环抱的坳谷之中。各处殿台楼阁与古塔、古碑、古木、怪石相间，布局精巧别致。共分为7个建筑群落，30余幢建筑，

圣境沧桑传趣闻

总面积达3700余平方米,占地面积95万平方米。

据《辽阳县志》记载:无量观的开山祖师为全真龙门派道士刘太琳道长。刘太琳是直隶永平府(今河北卢龙)临榆县人,生于明代崇祯元年(1628年)。清康熙二年(1663年),刘太琳修道于本溪九顶铁刹山八宝云光洞,拜全真教龙门派第八代玄裔郭守真祖师为师,成为龙门派的第九代传人。

相传刘太琳出家后,苦修数年不出铁刹山一步,郭祖师见他心诚意坚,很是喜欢,把他视为得意高徒,经过严格考察,将全真心法倾囊相授。康熙二年(1663年),盛京(今沈阳)大旱,饥民盈野,郭祖受盛京将军乌库礼之请,往盛京祈雨。郭守真至盛京后,建醮祈雨,果然甘霖普降。盛京官民大为叹服,将军大悦,乃命于城内建道观一所(即今沈阳太清宫),"恭请真人与诸弟子居之,并于诸长官崇以师礼"。

一日,郭祖闭目养静之时,忽见紫气霞光透彻九霄,真人默运玄功掐指一占,知天降祥瑞,道兴北方之时俱矣。于是,命弟子前往域内诸山立观度人,建庙鸣道。郭祖将刘太琳唤到床前语重心长地说道:"我昨日夜观天象,见东南之千朵莲花山毫光万丈,紫气氤氲,应运而生,预示此山日后必将大兴,为我关东道教之中流砥柱也,我决定派你去千山创建道场。你入玄门已经五个年头,已尽得我龙门之心法、全真之密旨。我观你天资聪慧,宅心仁厚,堪当重任,定能将我龙门派发扬光大!你此去千山开辟道场,责任重大,虽有艰辛,但一定有贵人相助,一定会将道场发扬光大"!

刘太琳拜别师傅,风餐露宿,晓行夜宿。一日,来到千山脚下。拢目光观看,但见此山云雾缭绕,山势巍峨,山高林茂,古树参天,好一处世外桃源,洞天福地,塞外圣山也……刘太琳看罢心生欢喜,精神为之一振,顿时忘记了劳顿之苦。径入山中,但见溪水潺潺,野果飘香,林间松鼠嬉戏,喜鹊登枝高歌,野兔獐鹿时隐时现,偶尔有樵夫担柴而过。刘太琳感到神轻气爽,远离喧嚣的尘世,与大自然融为一体。经樵夫指点,到古刹龙泉寺挂单暂住。在其后的数月间,为建观选址,刘祖走遍了千华山的每一座山峰,每一处壑谷。一日,刘太琳正在山中勘察地势之时,忽听得远

149

处有呼救之声，刘祖闻声至近前一看，但见一位樵夫模样的中年汉子，双手抱着血迹斑斑的右腿，不停地呼喊、呻吟。刘祖见状急忙上前将伤者抱到平坦之处，原来此人在此打柴不慎从高处跌落，致右腿骨折，疼痛难忍，故才呼救。刘祖将其腿慢慢展平，用手轻轻在受伤部位拿捏舒理，运用玄门内功为他接骨疗伤。只见刘太琳手掌在患者腿上轻轻一捋，伤者只觉着一股热流传遍全身，耳轮中听到伤者腿骨格格作响，腿部像有一股电流随刘太琳的手来回移动，只一瞬间的工夫，说来也怪，刚才还肿胀流血，疼痛难忍的小腿，像泄了气的皮球一样，肿胀消除，疼痛消失，且活动自由，恢复了正常。樵夫以为遇到了活神仙，急忙跪地磕头，感谢救命之恩。刘太琳祖师又在周围采了一些接骨活血的草药，捣烂后将药敷在患者腿上，稍作休息后，径直下山去了。之后，刘太琳祖师运用道教独特的道医学和玄门气功，为周围百姓行医疗病，手到病除，被百姓们称为"刘神仙"，这是后话，暂且不提。话说刘祖为患者疗伤之后，微感疲倦，席地而坐，静养调息，入定之际，恍惚间，耳边听见有人说话之声："刘太琳，我乃此间土地，看你终日操劳，矢志不移，特指一处宝地与你，离此处东南有一山峰名叫莲花峰，在其左有一山冈名叫振衣冈此乃宝地也，快去，快去"！刘祖猛然惊醒，环顾四周，并无人迹，不觉心中一动，莫非真有神人相助？我倒要去看一看。往东南急行，很快寻到了振衣冈。仔细观瞧，果见此处山高林密，古树参天，地势呈南北子午之势，向南观看前有照（九重山），后有靠（山高万丈），左有扶（青龙山），右有抱（白虎山），此真乃天赐洞天福地也。立感周身通泰，神清气爽，周身气血平和，有水火既济之象，知此正是自己苦苦寻找的创观立教之地。真是踏破铁鞋无觅处，得来全在玄机中，当即面对北方顶礼膜拜，感谢祖师神灵的护佑和指点，更增强了立观度人的信心和决心。正在欣喜之余，忽听钟磬木鱼之声，循声而去，半里之遥，忽见一座寺庙，上书"祖越寺"三个鎏金大字。入得寺门，见一长老慈眉善目，白须飘洒，身着袈裟，手持念珠，口诵佛号，一看便知是一位修持高深的大德高僧，令人肃然起敬。刘太琳赶忙上前深施一礼稽首道："老罗汉慈悲，贫道自盛京来，想在贵宝刹挂单小住一时，还望老罗汉慈悲方便"。主持长老仔细一瞅，但见面前站着一位出家的老道，但见道长三十几岁的年龄，方面宽额，大耳垂肩，浓眉大眼，炯炯有神，五绺长须，随风飘摆，身着道袍，仙风道骨，气宇轩昂，有超凡脱俗之风范，具超然物外之气度。长老看罢，心生欢喜，即命人给刘太琳安排禅房休息。从此，刘太琳在祖越寺安顿下来，经常与长老谈玄论道，相处得很融洽。每天除了早晚修持，白天便四处观察地势，设计建观方案。这件事情很快被祖越寺的小和尚发现并报告了长老，谁知长老并不惊讶，只是淡淡地一笑，说道："天下非我佛教一教之天下，三教圣人慈悲度世，立教度人，实则三教乃一家人也"。古语云："释道从来是一家，两般形貌理无差，儒门释户道相通，三教从来一祖风"。佛法无边，普度众生，三教圣人设教度世各有因缘。前些日老衲坐禅之时得观世音菩萨指点，知此地将有高道大德前来立观度人，代天宣化，普度有缘。此乃天意，且要我等鼎力相助。《金刚经》曰："无人相、我相、寿者相、众生相，修行学佛不能有分别心，清净真一，不二法门，才能修成正果，才能了脱生死，才能成佛作祖"。小和尚恍然大悟，稽首而退。此后，在祖越寺的大力支持和善男信女们的帮助下，建观进行得很顺利，为方便刘太琳修持和工程施工，长老特意请刘太琳到罗汉洞居住。刘太琳祖师在为道观取名时，因感悟太上设教为普度无量众生的大慈悲心，誓愿以无量的大道、无量的道法、无量的智慧普度无量的众生为己任，因此将道观命名为无量观。也有传说因刘太琳祖师最初在玉皇阁处修真养性，苦志参玄，创建道观。因玉皇阁是无梁的殿宇，遂将道观命名为"无梁观"，后取大道无量、道法无量、度人无量之意改称无量观。

其后在俗家师弟盛京将军乌库里的鼎力帮助下，很快建起了西阁慈云殿和老君殿，道观逐渐形成了规模。后来乌库里将军又出资将道观周边山林购买作为道观庙产，并在沙河购良田四十垧作为道众耕种生活之用。在无量观即将竣工之时，为感谢祖越寺长老的帮助和支持，刘祖将沙河四十晌良田送给祖越寺作为感恩和报答。长老坚辞不受，后见刘祖出于挚诚，也只好接纳。数年后祖越寺在沙河的土地上建灵山寺一座，为祖越寺下院至今还在。祖越寺长老为感谢刘祖赠地之谊，又因创建无量观之时刘祖曾在罗汉洞修持居住，故将罗汉洞奉归无量观。刘太琳祖师为纪念佛道之间和睦共处的殊胜因缘，亲笔书写"释道同源"四个浑厚有力的大字，刻于罗汉洞口当阳之处，以激励后辈门人。此后，佛道两家共居一山，和睦相处，各度有缘之人，至今被传为佳话。"释道同源"四个大字至今犹存。

无量观的建成，标志着道教在千山传播的开始，由于清朝地方政府的大力支持，道教在千山得以迅速发展。刘祖秉承太上之旨，慈悲济世，广行方便，悬壶济苦，施茶舍药，救济贫困，开设粥棚，接济灾民，受到了百姓和四众弟子们的拥戴和敬仰，被称为"大慈大悲无量观"。刘太琳祖师在千山先后收张清秀、刘清莲、王清祥、常清贞、刘清正、王清聚、王清辉、宋清远、崔清玉等9人为徒，法嗣日众，众弟子以无量观、玄真观为基础，不仅分支青云观、太和宫、慈祥观、五龙宫等使千山道院林立，而且王清辉之法孙王复善等又鸣道间山，创立老爷岭圣清宫，间山各道院皆由此发源，成为道教在东北的重要支脉。到清朝末年，仅无量观就有道士百余人，皆质朴如素，各有职事，乃教中之正派者。

刘太琳祖师是千山道教的开山祖师，无量观被称为千山道教祖庭。刘太琳祖师羽化后，众弟子将刘祖遗蜕安奉于无量观前的石塔下，该塔被称为祖师塔。

# 令威化鹤巡辽东

在两千年前，汉朝有个清官叫丁令威，故乡是辽东襄平（今辽阳市）。唐朝、宋代文人墨客也经常提到他。他的家离千山不远，少年时期经常到千山玩，和修行隐士们都很熟。在他二十四岁时，乡试中了举人，两年后到浙江一带当了县令。到四十多岁的时候，先后当过多个县的县令。他在任职期间，惩恶扬善，除暴安良。他不依附豪门权贵，厌恶官场上的庸俗腐朽的风气，为人正直刚强，很受百姓的拥戴。后来，到辽东襄平府，就是现在的辽阳做官，由于遇上了百年不遇的大旱灾，地里的庄稼全都干死了。百姓流离失所，苦不堪言，饿死的人不计其数。丁令威心急如焚，如果上奏朝廷开仓放粮，数千里，往返需要一两个月的时间，这样会饿死更多的人。为了解救百姓危难就开仓放粮救济灾民。此事被皇上知道了，就下令将他逮捕入狱，判定斩首。他在监狱里受尽了磨难，后来就不吃不喝只是呼呼地睡大觉。

等到在襄平西门外桥头要斩首时，丁令威说要看看自己饲养的白鹤。这时狂风突起，天昏地暗，丁令威被飞来的仙鹤救走了。后来传说他在灵虚山学道千年，最终修炼成仙。仙境生活虽然悠然自在，但

◎ 丁令威化鹤

时间长了不自禁地想起了故里。一天，丁令威化鹤展翅飞到了故乡辽东。落在华表柱，也就是现在的仙人台上。举目观看甚感凄凉。恰在这时，有一个猎人发现了这只鹤，便开弓搭箭，准备射他。白鹤展翅高飞，在空中徘徊良久，四下山水风光依旧，可是地上的人们一个也不认识了。看到突起的一座座坟墓散落在田地山冈上，知道都是往年的故人。他感慨万分，在空中盘旋飞歌："有鸟有鸟丁令威，去家千年今来归。城郭如故人事非，何不学仙冢垒垒。"歌罢，便高飞而去。辽东仙鹤的故事千年流传，从东晋以来文人墨客颂诗达千首来盛传此仙迹。

# 道人伏虎显神通

在无量观西岗一线天之上，有一块巨石卧在那里，巨石的四面都是峭壁悬崖，由东向西望去，很像趴着的一只猛虎，在虎身上刻有"卧虎峰"三字。民国年间，《辽阳县志》有记载："峰形如卧虎，头南身北，口眼毕肖，非常像虎。"卧虎天然奇特，气势雄伟。清代无量观郭永慧道长在诗中赞道："电目眈眈气势雄，爪牙不异锦斑同。有时际得风云会，长啸一声万壑通。"

相传无量观古时候有一个降虎的老道人，白发苍苍，胡须如霜，眉白如雪。老道长究竟有多大年纪，谁也不知道。传说他就是无量观下院武圣观的金老道长。这武圣观是在千山无人烟的高山丛林当中，山中虎豹狼群很多。有一天金老道长下地回来，打开庙门，只见一只老虎趴在院子里，他站在门口瞅着老虎没有进去。接着老道长就高声诵经念咒，很快这只斑斓猛虎朝他直点头，一点恶意也没有了，金老道长便大步流星地走进院子里。这只老虎在他跟前，围着直打转，还抬起头张着嘴向他低声吼叫，不让他进屋。金老道长不知道是怎么回事，低头一看，只见老虎嘴里淌着血，还有一块兽骨扎在老虎的嗓子上。金老道长明白了，这是老虎求他把骨刺拔出来。他拍了拍老虎的头说："我给你拔骨头，你可别咬我呀！"老虎点了点头，老道长坐在台阶上，老虎趴在地上把头枕在金老道的怀里张开大口，金老道把手伸进老虎嘴里，小心翼翼地把骨头拔了出来，并给老虎看了一看说："好了，拔出来了。"老虎慢慢地站起身，向金老道长点点头，走了。第二天晚上，这只老虎又来了，他叼着一只梅花鹿，放在金老道长面前，金老道长便笑了笑，说："善哉，出家人可受用不了这山珍啊。"用手比划叫老虎叼走。老虎看着金老道长直晃脑袋，又摇尾巴，最后围着老道长转了好几圈，便叼着那只梅花鹿走了。

从此以后，这只老虎天天到庙里来，白天有时跟着老道长下地看庄稼，夜里就在庙里住。渐渐地，老虎也明白了老道长的一些意思，比如老道长双手一挥，他就下地去看庄稼了，老道长往它的脖子上挂上筐，它就到无量观替老道长取回香纸什么的。日子久了，人、虎倒是谁也离不开谁了。

有一天，老虎下地看庄稼，回来的时候叼回一个十多岁的男孩，老道长一看，只见这孩子昏迷不醒，身上有不少划破的伤痕，他急忙把孩子抱到屋里放在炕上，掐人中，喂开水，孩子慢慢地苏醒了。原来这孩子上树掏鸟窝，不小心从树上掉了下来，摔昏了，恰巧被老虎看见，就叼回庙里来了。这时，有人看见老虎叼了一个小孩进庙里就传开了，孩子的爹妈也就到庙上寻找孩子。当老道长说了事情的经过后。孩子的爹妈连忙给老道长叩头，感谢道长和老虎救了孩子的命。此后，当地的百姓就叫金老道长为伏虎道人了，同时也非常爱护这只老虎。

◎ 道士伏虎图

不知不觉几十年过去了，这一年，金老道长衰老得几乎不能动弹了。大年三十的晚上，老道长点上香，上好供，平静地躺在了床上，他招一招手把老虎叫到自己的床前，把早已准备好的竹筐挂在它的脖子上，然后把自己的脸紧紧地贴在老虎的脸上，慈悲地说："分别了，老伙计呀……"说完就闭上了眼睛。老虎一看，伤心地流了泪，它用爪子推了推老道长，但他一动也不动了。围着金老道来回转了几圈，瞅了瞅挂在脖子上的竹筐，一步一回头地走了。

大年夜，无风无雪无云无月，无量观的大门紧闭着，老虎抓着大门站起来，用前爪敲打门环，几个道士出门一看，见老虎这个时候来敲门都发愣，再一看筐里有一张纸条，打开一看，道士们都哭了。老虎看着他们伤心的样子，自己也流出了眼泪。平时，老虎每次来到无量观都要进院子里走一圈，可这次它门也没进，转身就走了。从此，人们再也没见这只老虎。不知过了多少年，人们在无量观的西岗一线天上方，看见了这只老虎，不过它已经变成了一块卧虎的巨石，头南身北，口眼活现，由东向西看去，就似一只猛虎在卧睡。尤其从西南方远望，更像一只猛虎欲跃下山。人们称它为卧虎峰。数百年来，它仍然忠诚地在那里护卫着无量观。

# 仙翁对弈聚仙台

千山无量观有洞天圣境的奇观,在此修行的道长们多是有道有德延年长寿的人。近代就有一个张道长,白发苍苍,胡须雪白而又是一个童颜焕发的老者。有的人不懂得"道",不言"寿"的规矩,就问他岁数多大了,他就坦然地回答说:"九十九!"不管谁问都是九十九,实际上他已高寿一百零六岁了。道长们如此高寿,据说均与聚仙台寿星护佑有关。在无量

◎ 聚仙台

观下葛公塔的前面，有一块高大的巨石，石台上很平整，在石台的前面镌有篆书"聚仙台"三个大字。

相传，在很久很久以前，有仙人在此石台上下棋，一下就是几天几夜。在民国期间修建葛公塔的时候，为了便于神仙更舒适地在那里下棋，便设置了石桌和石凳。仙人不在的时候，道长们也会在闲暇的时候，到那里下棋。传说古时候有人在朦胧中看到有神仙在这里对弈，其中有一位是白发苍苍的老翁，高脑门，头面特别长，挂着一根弯曲的拐棍，旁边还有一个小童子，拿着一把拂尘，在一旁侍候。这位老翁不是别人，他就是人们常说的南极仙翁，又叫寿星老。他是掌管着人间寿、夭性命的上天神仙。据说他一出现，就预兆天下太平、昌盛。他是一位主人间康福长寿的神仙，人们常在新年时，将他的像挂在家里，以表喜庆吉利。

传说当年仙翁带着童子，在聚仙台下完棋后，常常踏云到无量观的西山冈上，站在那里观看道众们诵经打坐修炼。有一天仙翁不在的时候，有一只恶狼趴在那里，仙翁飘落而下将恶狼赶走了。从此仙翁和童子就在西山冈上留下化身石，这就是现在的寿星石。高者是仙翁，小者是童子，拂尘就成了今天的拂尘松了。

当游人到无量观览胜时都要到此处看看这位老寿星。有的人传说由于有老寿星常在此，老观也就年年平安，岁岁兴盛，道长们长寿多福。

# 唐王抖袍振衣冈

在千山的无量观，老远就可以看到矗立在三官殿北面的奇特高冈。在高冈的正面镌有刚劲有力的三个楷书大字"振衣冈"，让人看了肃然起敬。在这陡峭高达数百米的崖壁上，书刻那么大的字，真是叫人们佩服和赞叹！这三个大字是明代隆庆四年，浙江人向程所书。

振衣冈在清代就是无量观二十四景之一，冈的四面都是悬崖峭壁，只有在北面陡峭的岩壁中间，有一阶梯小道可直达冈顶。古代冈顶有一小茅庵，是道长们修真养性的场所。茅庵早已废掉，仅有遗址和石碾盘还在。为什么叫振衣冈呢？长期以来，在这里流传着一个传说，那是在一千多年前唐朝发生的事情。传说在唐贞观年间，高句丽国王派特使到长安给唐太宗送书，要以山海关为界，要唐皇帝只管山海关以南的疆土，唐太宗看后拍案大怒，撕毁呈书，决定御驾亲征。率军数十万人马，由军师徐茂功随行，大将薛礼护驾，统帅三军从长安浩浩荡荡出发，由渤海坐船，往辽东半岛而来。在航行中海浪滚滚，顺风使舵，快似离弦的箭，顺利到达黑风口，就是现在的旅顺口。唐兵从天而降，势如破竹。

唐太宗銮驾进入辽阳境内，大军在一个山荫小村落

◎ 振衣冈

暂驻。村子风景秀丽，遥望千峰林立，山势险峻，树木参天遮日，那气势时有喷云吐雾，变化万千，真是人间少见的圣境啊！当下唐太宗下旨，大军开进千朵莲花山。

唐太宗李世民在上莲花峰时，看到芙蓉峰北有一处孤立的高冈，特别奇丽壮观，唐王便徒步登上了高冈。站在冈上四下举目观看，远望数十里自然景观，俯视冈下云雾缭绕，如同置身于仙境之中，他已经陶醉了。这时因为战袍被林中的雨雾打湿，便脱下战袍在冈上抖擞数下晾晒。后来人们为了纪念唐太宗东征亲驾此冈抖擞战袍，便将此冈叫作"振衣冈"，并沿传下来。

# 三丰祖师游故里

神仙张三丰，名通，又名全一，字君宝，号玄玄子。是元、明朝时期著名的道士。由于他平时不修边幅，人称"张邋遢"。辽东懿州人，也就是今天辽宁省彰武西南地方的人。相传为张天师后裔，体姿丰伟，大耳圆目，龟形鹤背，胡须如戟一样。一年四季，都只穿一件破衣裳，披一领蓑衣。一顿饭能吃一斗米，有时还能数月不吃饭。能预知吉凶祸福，人们都称他是活神仙。

一生云游四海，广度有缘。曾在宝鸡金台观死而复活，道徒称他为"阳神出游"。多次往来武当山中，结草庐居住，修炼丹药，他预言此山日后必定大兴，嘱其弟子"善守香火"。后入四川，在青城山和鹤鸣山中访真览胜，真是一个好自在的神仙啊！明太祖洪武十七年，撰《无根树丹词》，自己题为"大元遗老张三丰自记于武当山天柱峰之草庐"。洪武二十四年朱元璋派使者四方寻访他，可是毫无踪影。明成祖永乐年间，大修武当山，专门为张三丰修建遇真宫，并数次遣使访问寻找，也未遇见。明英宗天顺三年，封他为通微显化真人。张三丰认为，自古道法流传，分为正、邪二教。而儒、

◎ 张三丰塑像

道、佛三教皆为正教，虽然创始人不同，但修己利人，其趋向是一致的。因此，释迦牟尼、孔子、老子曰道。他在《大道论》中说："儒是行道济时者，佛是悟道觉人者，仙是藏道度人者。"他主张修道，就是修"阴、阳、性、命"之道，三教圣人皆本着这个道以立其教啊！他还认为，玄学以功德为体，金丹为用，而后可以成仙。这是张三丰仙道内丹思想中的卓越之处。他的著作很多，清人李西月编有《张三丰先生全集》，已经收入《道藏辑要》中了。

张三丰祖师曾云游故里，到过千山。何年何月云游千山的，没有找到记载，但是他登华表山时留下的诗篇，历史有书传。他诗说："华表山高爽气凌，令威骑鹤此飞升。乍看雨脚从空至，未必云头阻我登，独立峰峦心旷远，遥观渤海兴奔腾。他年愿步丁公后，长啸蓬邱第一层。"华表山就是今日的千山。在辽阳城东约70华里，传说是汉代丁令威化鹤飞升之处。他游辽阳诸山时，留诗说：千里辽阳自往还，眼中山色画中看。人夸地气来长白，我欲云峰炼大丹。风过列屏横淡霭，雨余群嶂各高寒。此间好觅长生路，入世休言出世难。丹，俗称朱砂，古代道家炼药多用朱砂，后因以称依方精制的药物，霭就是云气，出世是指脱离世间束缚，即"解脱"之意。

云游在辽阳积翠村时，留诗："手执长弓逐鸟飞，是谁知是老翁归。白杨墓上留诗句，城郭人民半是非。"这里说的老翁是谁？老翁指的是化鹤归来的丁令威啊！"纷纷竞相乱如麻，身世粗完早出家。莫待巢危复累卵，功名势利眼前花。"张三丰回归辽东，游览千山，有书载诗传。僧人、道众都知道，千山的老百姓也都传说着。

# 康乾二帝咏千山

过去的皇帝大多数是在皇城里，不轻易外出。清代康熙、乾隆两位皇帝所治理的国家时称："康乾盛世，"和俩人经常外出巡察有很大的关系。他们对著名的东北明珠千山十分欣赏，康熙到过千山，乾隆皇帝三次巡游辽东，都由于某些原因未能实现，只好留诗记传。

清朝康熙皇帝，名玄烨，是世祖顺治第三个儿子，立为皇帝。平三藩、收台湾、降西藏、讨朱一贵及南方苗乱，干得都很出色，国家大定昌盛。康熙皇帝爱好文学，命大臣编纂《康熙字典》、《会典》等书。琉球国王派遣弟子入清廷国子监读书。康熙皇帝在位61年，称号"仁"，庙号圣祖，年号康熙。康熙二十一年二月十五日，皇帝率皇后及皇太子胤礽并诸王、贝勒、大臣、侍卫等启銮东巡。三月初四日，驻在盛京即今天的沈阳，二十五日始抵吉林。四月初七日，回盛京。二十日，由盛京起驾辽阳城。四月二十一日，皇帝出外，随从开路清道，由庙尔台进入千山。巡察了无量观，游览了祖越寺，经龙泉寺，过谷垛岭停留，驻跸几荒屯，即今鸡王屯。听老

◎ 康熙皇帝

人们说：当年康熙皇帝游千山驻在这个村子里，见一只高大雄伟公鸡飞过皇帝面前，康熙皇帝高兴地说："这是鸡王啊。"村里的人也就把几荒屯改为"鸡王屯"了。

在《盛京通志》里，记载了康熙皇帝入千山的诗："晓入千山路，烟光织翠萝。崎嵚缘石磴，宛转历岩阿。树杪朱旗出，藤荫玉勒过。物华看亦好，景色爱清和。"他在诗中说的是：清晨踏上进千山的路，雾气缭绕、晨光闪烁，交织辉映在翠绿似锦的丛林中。我沿着崎岖石蹬拾级而上，百转千回，伸手摸着岩石前行。看绿海树林中，忽隐忽现埋着晃动的大旗。茂密的藤木，在阳光的照耀下，好像玉带飘动而过。双目看去满眼香花嫩草，物华天宝的千山景色清秀，一派让人高兴的清明祥和景象。

览胜祖越寺和无量观景区后，留诗说：在层层叠叠的青山环抱中，横卧着一座祖越寺，只见山峰叠起燕尾的羽旗，一层一层直达顶峰。古寺地域偏僻，用茅草盖的殿堂不大，殿前有一座拱起不坚固的桥梁，石径小路从中穿过。初夏时分，树木青翠，嫩枝绿叶生发，春天野生的草儿、开放的鲜花，还没有凋零，仍旧妍美好看。在这样一个寂静空林的中午，不时听到寺庙里撞钟敲磬的声音，好一个圣境啊！

在入龙泉寺古刹中，咏诗说：狭窄的山间小路，只能容得一个人骑马而过。香炉上香烟飘飘，似有云龙腾空的样子。四周悬崖峭壁高高耸立，断裂的古碑倒在地上，被尘埃封埋有一百多年了。古寺殿前甘冽清凉的泉水潺潺流出，通过了幽深长远的沟壑，寺院的古松幽深晦暗。登高远望一片翠绿的雾霭中，美不胜收啊！

清代乾隆皇帝，名弘历，世宗雍正第四个儿子。即位两年就平叛了准噶尔，又平定金川、台湾，征服了缅甸、安南，开设了《四库全书》馆，修编了《一统志》。文才德行武功是清朝皇帝最好的了。东巡有三次，西巡一次，南巡五次，他在位六十年。乾隆八年，皇帝三十三岁，仿康熙帝之先例，举行第一次东巡。七月初八日，由北京圆明园启銮，十五日抵热河，十九日由热河取道东蒙古入吉林境内，九月十五日，抵兴京（新宾），二十七日，遣官致祭长白山、医巫闾山。十月初二日由盛京回銮北京。在

◎ 乾隆皇帝

盛京时，因想巡看千山美丽的景观，因故又没能去千山，心中眷恋听说的景观，故咏诗望千山。诗是："我闻古来称奥区，必有名山为作镇。况兹辽阳实天府，羲经已兆帝出震。长白巫闾众所瞻，千山亦复高千仞。设在晋郊鲁甸间，太华泰岱应齐峻。我起谯邑揽形胜，南望巑岏映青润。朝岚夕霭俨相接，峦光峰态如堪引。龙泉祖越久闻名，灵迹相传半疑信。何时长啸观沧海，千仞冈头衣试振。"他在诗中说：我听说千山古时称为奥秘的地方，那必定是有名山来作为根基。何况这里是辽阳天府管辖的地区，伏羲帝已经预兆皇帝出世之地。大家看到了长白山、医巫闾山是很高的，千山与它们比较，还要高出许多尺。假设千山在山西和山东大地，那么它也应该与太行山、泰山一样的高矗险峻。我来这里看城市览巡山川圣迹，向南望去一座一座高矗险峻的山峰，映衬着青润的景色。山中早晨清爽的山岚与晚上烟霭弥漫连接，山岚的风光与朵朵峰花的秀雅姿态，好像顺手可以抓到它。龙泉寺、祖越寺，我很久前就听到其盛名了，寺庙流传的神话传说我半信半疑。我什么时候能站在仙人台上，大喊大叫一声？远望茫茫的沧海，我什么时候，能站在千丈高矗的振衣冈上抖擞一下龙袍？

1754年，即乾隆十九年，乾隆皇帝五十四岁，仿爷爷康熙皇帝第二次东巡，取道塞外向吉林行，然后至盛京。于五月五日，侍奉皇太后，率皇后及群臣百僚由北京起銮赴热河，驻避暑山庄。至七月五日，开始起銮，

取道蒙古赴吉林。八月初七日，始抵吉林。约于十二、三日，由吉林启程，九月抵北京。初十日抵盛京。十八日，由盛京回銮，经山海关，十一月十一日回到北京。在盛京时说，想到千山巡游一次，又没有能实现，所以再咏诗。他诗中说：想念结识龙泉寺、祖越寺，千山的寺庙圣景，在巡游东北期间又高兴地想到千山。既然可怜长途跋涉疲倦的马，当成秋天瘦的，就送给枯瘦的没事干的僧人吧。到殿堂坐下，背靠有佛画的墙壁，觉悟到在这有和离开的大道理，恍惚像是面对瀑布，听到潺潺的流水声。最终还须到卧象诸峰侧面看看，登上秋霜土石山路，亲眼看看秋霜染红树叶遍山锦绣的千山啊。

　　1778年，即乾隆四十三年，乾隆皇帝六十八岁。于七月二十日由北京启銮，取道山海关，经盛京赴兴京。八月十八日由兴京回銮，十四日至盛京故宫，九月二日回北京。在盛京时作诗寄题千山"千山胜景久芗哉，三度空教寄咏回。本异唐宗曾驻跸，空传丁令有遗台。底须石洞花岩到，原匪探奇问景来。却笑前遭泐崖处，侵寻应已澌莓苔。"他在诗中是说：第三次巡察东北，又想到千山巡游一番，可还是没成行，只好再寄题千山诗一首。他说：千山美丽的景观就像调味美食的香草，我很喜欢。可是三次要去千山都没有去成，只好寄题咏诗而回。本来怀疑唐太宗是否驻过千山，认为丁令威到过仙人台也是空传。到底必须走到石洞花岩处看看，我原不是为探奇询问景观而来。谈及前遭所到在石崖上雕刻字的地方，想必已被浸水受潮，长满青苔了吧！

# 夹扁石阻恶扬善

在无量观三十三天北侧,悬崖峭壁上,有难登的八步紧。八步紧之上即是夹扁石。此处是天然巨石堆垒,石高十余米,两石之间,天然形成罅缝,长四米、高三米,上宽下窄,两壁斜平,像鬼斧神工之作。从夹缝穿过,可达一步登天。清时称夹缝石叫透明石,民国年间改称夹扁石。游人无论男女老少,或胖或瘦,都必须贴腹靠背蹭步侧行通过,而游人也以此为乐。

传说在很久很久以前,千山脚下住着一个姓米的铁匠,人们都叫他米铁匠。米铁匠是一个人挑着打铁的担子从外地来到这里的,由于他孤身一人贫寒,直到四十多岁才找到一个三十多岁的女人成了家。成家以后,米铁匠就在家里开了个铁匠铺,为十里八村的人们打造一些镐头、锄头、镰刀之类的农具,媳妇在家里喂猪、做饭。日子也还是过得去,可是快到五十岁了,还没有个儿子。

一年,米铁匠媳妇的肚子,一天比一天大了起来,直到十八个月以后,媳妇才生下一个大胖小子。老两口可乐坏了,请东家请西家。米铁匠笑眯眯地抱着儿子说:"嘿!这是我的儿子,就叫他

◎ 夹扁石

铁柱吧。"铁柱从小就很听话，懂事儿，从来就不惹爹娘生气。十来岁的时候就知道上山砍柴，帮助母亲料理家务，四邻都夸铁柱是个好孩子。铁柱十八岁那年，他的母亲年事已高，身体一天比一天差。请了许多医生，吃了许多的药也不见好。米铁匠也老了，为了给老伴治病，家里仅有的一点积蓄也花光了，只靠铁柱打铁来维持家里的生活，日子难熬了。铁柱真是个孝敬父母的好孩子，有时宁可自己饿着肚子，也要给生病的老娘弄点好吃的。

这一天早上，铁柱上集买米去了，米铁匠就听见门外有人吆喝。见一个外地来的老道站在米铁匠家的门前，疯疯癫癫站着不走。米铁匠愁眉苦脸地迎上前去，对着老道说："老师傅，我家都揭不开锅盖了，哪有东西送给你呀！"这老道说："听说你家里有个病人，我来瞧瞧。"米铁匠一听很高兴，便把他领进屋里。疯癫老道把老太太看了又看，说："这个病啊，说它好治也难治，说它难治也好治。"他侧过头问米铁匠："你倒是想不想治啊？"米铁匠忙说："怎么不想治呢？"老道说："天上天上灵芝草，今天吃来明天好。仙药不是到处有，心不诚来找不着。"说完，转身不见了。米铁匠愣了半天说不出话来，他和老伴一合计，这"天上天"可能就是指无量观的"天上天"了。那个时候的"天上天"很少有人知道，也根本没有人上去过。可现在既然老道来指点了，那就只好冒险上去找仙药了。

米铁匠找了一条绳子，拿了一把镰刀，出门往天上天去了。那时的千山到处草深林密古木参天，并常有毒蛇猛兽出没，极少有人进到山里面去。米铁匠翻山越岭，从早走到晚上才摸到天上天的山下。抬头往上一看，只见云遮雾障、又高又陡。米铁匠求药心切，拽着藤萝，踩着山石，一点一点地往上攀登，一直到一块巨大山石面前再上不去了。这大石垂直耸立，上下溜圆，根本无处可攀。米铁匠看见上面三丈多高的地方探出一松枝，他就在绳子上拴了一块石头，使劲往上扔去，拽了拽，还真的挂住了。于是，他就用手拉着绳子，两脚蹬着垂直的石壁往上爬。忽然，那松"咔嚓"一声折断了，米铁匠从半空中摔了下来，当时就昏了过去。

晚上，铁柱回家后，老母亲就把白天的事告诉了他。他一听，心急如焚。当夜就奔"天上天"去找他的老父亲。走了一夜，到第二天早上，他看见父亲摔死在"天上天"的巨石下，他抱着父亲失声痛哭。哭了一阵后，想起还要为母亲采药，但他抬头一看，高高的"天上天"根本无法攀登。他站在那里，想起父亲劳累一辈子，到如今死得这样悲惨，想起老母亲对自己的慈爱，想起爹娘把自己拉扯这么大多么不容易。他恨这巨石，用双拳打，用头来撞，撞得头破血流。

这时，恰有两位仙人在空中从这里路过，一个长眉老者，一个赤脚老者，从云端往下一看，只见一个年轻人在捶胸顿足，号啕大哭。赤脚老者对长眉老者说："这孩子真是少见的孝子，我们俩帮帮他的忙吧。"长眉老者说："也好，我就在这巨石上开通一个山洞，你就变成小童指点他吧。"赤脚老者说："也罢，也罢。"只见赤脚老者摇身一变，变成一个十几岁的童子站在山顶上。他俯下身来，对着铁柱说："小哥哥，你闭上眼睛，只管往石头里走。"铁柱一听，也不管真假，闭上眼睛，硬是向巨石里走去，说来也怪，他像什么也没碰着似的，侧着身子一步一步地向里面走去。走了一会只见眼前一亮，睁开眼睛一看，他已经穿过了巨石，巨石开裂里面留下一个扁山洞。这时，他看见那个童子笑盈盈地站在他的面前，对他说："你看这里有灵芝草，你采两棵回去，一棵可以救活你的父亲，一棵可以治好你母亲的病，快去吧！"说完，只见金光一闪，小童不见了。铁柱一看，果然在"天上天"的石头缝里长着两棵发着红光的灵芝草。他忙上前拔下来，钻过石洞走到父亲的身旁，他抱起父亲，把灵芝草一点一点地喂到他的嘴里。不一会，只听父亲呻吟了一声，睁开了眼睛，慢慢地动了动身子，从地上站了起来。铁柱就把前后经过向他说了一遍，这爷俩又一齐向空中拜了几拜，算是谢过了两位神仙的救命之恩。铁柱扶着父亲回到家，铁柱又把另一棵灵芝草给母亲吃了，母亲的病第二天就好了。铁柱穿过的山洞，就是今天的"夹扁石"。多少年来，在这里还流传着这个夹扁石的神奇故事。故事说："夹扁石有神通，凡是作恶的坏人，不管你多瘦也过不去，凡是行善的人，不管多胖也能过去。"因此过去不少作恶的坏人怕被夹住，不敢穿过夹扁石。

# 救命松化险为夷

在天上天的陡峭石壁上，长着一棵小小的松树，它只有碗口那么粗，树高也不过五六尺，但是大家谁也不知它有多少年的寿命了，它就是有名的救命松。

怎么叫它救命松呢？那是在很久远的年月里，人们上"天上天"，必须把着这棵小松树才能上得去。过去在这里还流传着一个神奇的传说。山高林密的千山出人参，有些人就到山上去挖参。一年秋天，姜山、姜海、姜河弟兄三人到千山来挖人参，他们在山沟里转了好几天，也没有看见一棵

◎ 当年救命松遗址

人参。一天傍晚,他们来到一个峰顶,三人往下一看,只见一片人参结着红果,像是一朵朵晚霞落在山谷中。姜河忙叫两个哥哥一齐看,哥俩高兴得心都快跳出来了。大哥说:"你俩在这里用绳子把我系下去,我下去挖,挖完再把我拉上来。"姜海、姜河说:"好!"说着就把绳子系在大哥的腰上,大哥带着竹锹和口袋下到谷底。开始还挺顺溜,可到后来晃晃绳子也不见大哥的动静,哥俩喊话也不见回音。这时,天黑下来了,还刮起了风。姜海、姜河连急带吓,浑身冒出了大汗。

再说姜山刚下到半山腰时,绳子就断了。只听见耳边生风,身子直往下坠,姜山两眼一闭,心想完了,非摔死不可。这时他觉得被什么东西擎住了,下落速度慢了下来,但他也没敢睁开眼睛。过了一会,他觉得落到了地上。他睁开眼睛一看,四周漆黑,只见一对一对萤火虫似的亮光在草地上游动,再仔细一看,妈呀,吓了一跳,原来是大大小小的蛇在爬动着,他一动也不敢动。过了很长时间。天也大亮了,姜山发现没有一条蛇来咬他,他战战兢兢地站起来走了两步,只见大大小小的蛇都躲着他,他的胆子渐渐地大起来。他往周围一看,果然长满了结着果的人参,棵棵长得又高又壮,远处还有奇花异草,散发着醉人的芳香,清澈的泉水也叮咚响着,真是一个无比美妙的地方。可他抬头一看,只见山口云雾缭绕,不知有多高,无法再回去了。他又看地上的蛇群,它们饿了吃人参,渴了喝泉水,一条条身肥体壮,闲着没事就躺在草地上晒太阳。从此,姜山也就和这群蛇生活在一起,饿了吃人参,渴了喝泉水,冬天不觉得冷,夏天也不觉得热。就这样,也不知在这深谷里度过了多少岁月,只见他雪白的胡须飘过小腹,丝丝白发披过双肩,原来的衣服已破成了布条条,虽是红光满面,但再也不是年轻的小伙子了,至于多大岁数,连自己也说不清了。

这些蛇里有一条蛇王,比其它的蛇更粗更长,好像所有的蛇都听它的话,这蛇王经常和姜山在一起,他走到哪里,蛇王就跟到哪里,他睡觉,蛇王就在他附近趴着。这一天,天气很好,他坐在草地上,蛇王在他的跟前盘着。姜山想起了家,想起了自己的两个弟弟,不觉伤心起来,他流着泪自言自语地说:"唉,我多么想家呀,我的老娘不知怎么样了,两个弟弟

也不知道干什么呢？唉！我什么时候才能回到家里呀。"说着说着，他呜呜地哭了起来，越哭越伤心。这条大蛇静静地看着他，好像很同情。他对蛇说："喂！你有什么办法吗？"这时，大蛇挺了挺身子，突然张嘴说："你要想回家，就坐在我的身上吧，可你不能睁开眼睛能做到吗？"姜山一听，又惊又喜，忙说："行，行，我马上就照你说的办！"说着，他就骑在大蛇的身子上，闭上了眼睛，觉得像腾云驾雾一般，身子轻轻地飘起来了。他忽然意识到，当初跌进谷底被什么东西擎住后也是这种感觉呀，当初所以没有摔死，肯定是这条蛇王救了他。他想，这条蛇是怎么飞起来的呢？想着想着，他就睁开了眼睛要看一看。这一看不要紧，他突然觉得悬了空，身子直往下栽，他吓得大声叫唤，一把拽住了一棵长在峭壁上的小松树。他两脚悬空，不敢松手，只得大喊救命。过了足有半个时辰，恰巧有一个打柴的人听见他的喊声，走过来用绳子把他救了上来。姜山连吓带累坐在山顶上直喘气，打柴人仔细一琢磨，他的模样很是奇怪。姜山便把自己的经历向打柴人说了一遍。打柴人说："听老人讲过，有哥仨在这里挖人参，丢了一个哥哥，但那已是一百多年前的事了。"姜山听了，心里很不是滋味。打柴人又问他怎么挂在树上，姜山就把方才的事说了一遍。打柴人又说："我天天在这附近打柴，可从来没看见过救你的这棵小松树，这小树是从哪里来的呢？"是啊，姜山又想：我睁开眼睛后蛇王哪里去了呢？这棵小树是不是蛇王为了救我变的呢？他和打柴人又趴在崖头仔细地看了看这棵小松树，姜山说："它的粗细和长短都像蛇王，八成是蛇王变的。"后来，人们想上天上天观看千峰绿色的海洋，就从"一步登天"上，把着救命松几步就跃上了天上天主峰。不知生长了多少年的这棵救命松，在二十世纪七十年代，仍旧还在经风雨傲霜雪地为人们服务，可是在八十年代却悄然地飞升了。人们只能看到在天上天的峭壁上还留着的松树根。如今，人们上天上天再也没有救命松的呵护了，只好靠景区所设的铁栏杆攀登了。救命松虽然不在了，可人们还在念叨着它。

# 老观逢春盛世花

  千山无量老观,从清代康熙年间创建至今,从来没有像今天这样的宏伟气魄。历经沧桑的老观,有过兴盛,有过衰落。十年动乱期间庙貌破损,全部神像遭受毁坏。像生活在自然界的一棵大桃树,经过了秋风扫落叶,饱受了寒冬的霜雪。1977年,党的宗教政策开始落实,老观迎来了春天暖风的吹拂,大桃树花叶萌发。省、市政府重视支持老观的修复和重塑金身。

  1980年的春天一到,老观生机勃勃,所有道观全面维修,所有神像全部重立。同年4月23日举行了隆重的开光典礼。老观像大桃树花开全树,喜迎众生的光临。从此以后,老观的宗教生活正常,过去的庙会也已恢复,不断增添了因地制宜的风采。根据景区旅游的特点,每年在春暖花开和秋高气爽的时候,举行两次盛大的庙会,这也是与时俱进吧。老观在和谐中生活,在盛世中发展。在许信有大师住持下,圆先师遗愿,创建东阁。1993年春,又举行了盛大的开光活动。老观道长欢喜,观外信众欢喜,朝山览胜的客人欢喜。

  道教是一个多神的教,宫观里供奉的神也多。中国地大民族多,各地喜欢信奉的神也不尽相同,就是同一地区中,各宫观供奉的神也不同,就算大同下面存在小异吧。宫观中的神像,可以说代表了花花世界。从一个大的角度讲,神像可分两种,一种是雕刻全身的圆雕像,一种是在一个面上的浮雕、半浮雕像。从雕像用的材质上讲,其种类更多,有泥塑的、木刻的、石雕的、玉雕的、铁铸的、铜铸的,还有鎏金的等等。不管哪种像雕塑完成后,还不能成神,要经过装脏,诵经开光,才能让神灵附于像体上,神像才能耳聪眼明,具有灵性。无量观历史留下来的神像,有泥塑的、石雕的、铜铸的等几十余尊,十年动乱时期,神像被毁了。1979年,在省、市政府和千山景区积极支持下老观修复殿堂和塑像。

# 兴道法神光普照

1980年初春，全观神像57尊，全部泥塑面金。这些神像主要是三官、三清、玉皇、圆通自在天尊、眼光娘娘和子孙娘娘及十八罗汉等神像。三官殿是清代道光十六年创建的，是无量观的主殿。三官是太极界之神，分治天、地、水三界，考校天人功过，是掌管众生祸福的神。上元天官赐福，中元地官赦罪，下元水官解厄。人间祀奉三官，从汉代就开始了。到北魏

◎ 1980年无量观许信有大师在开光活动中

◎ 无量观山门

时期，三官配三元节：正月十五日为上元赐福天官诞辰，七月十五日为中元赦罪地官诞辰，十月十五日为下元解厄水官诞辰。在三官殿中还塑瑶池金母元君和中八仙像。瑶池金母即西王母，极阴之元，位配西方，主阴灵之气，母养群品，天上天下，三界十方，女子登仙得道者，都归她管。八仙有上八仙、中八仙和下八仙之别，三官殿中所塑奉的是元代、特别是明清时期流传最广的中八仙。他们是汉钟离、铁拐李、张果老、曹国舅、吕洞宾、韩湘子、蓝采和及何仙姑。在这里八仙过海，八仙庆寿的故事，流传很广。老君殿创建于清代雍正五年，原殿供奉的是道教教主老子像。1980年重塑为三清祖师像，即玉清原始天尊、上清灵宝天尊和太清道德天尊。玉皇阁供奉的是玉皇大帝，是道教尊神中的主神，支配日、月、风、雨等自然变化，以及人间祸福、生死、寿夭、吉凶等。他总管三界、十方、四生、六道，统辖天神、地祇和人鬼。

老观道长们于每年正月初九日玉皇诞辰时，举办祝寿道场，诵经礼忏，祈祷风调雨顺、道法兴隆、国泰民安。康熙十七年创建了观音阁，即现在的西阁慈云殿。殿中塑奉圆通自在天尊像，他是为众生救苦救难的天尊，传说他能一时救八难，很受世人的尊崇。殿中还奉有管众生眼睛的眼光娘娘像和管众生子孙的子孙娘娘像。在刘太琳祖师初居的罗汉洞中重塑神态各异、栩栩如生的十八罗汉像，罗汉虽说是佛家的，但是千山就有这么个特点，释道同源和谐共处，佛教、道教同居一山。

　　1980年4月23日，是千山无量观大喜大庆的日子，天空晴朗万里，千山万壑像是绿色的海洋，起伏的山峦似大海的波涛。映山红的花开了，点缀着群山，更加绚丽多彩。美好的自然景观和人文景观，交融一派生机盎然的祥和景象。庄严的老观道乐悠扬，香烟缭绕。道长们身穿崭新的道服，人人喜笑颜开。这是十年动乱之后，在千山所有的佛寺、道观中举行的第一次宗教活动啊！这次开光活动标志着宗教政策在千山的落实。主持开光盛典的是无量观监院许信有大师，辽宁省、鞍山市政府有关部门的领导光临祝贺。辽宁省佛教协会代会长逝波法师、辽宁省道教协会代会长战全生

◎ 战全生大师开光活动

道长都应邀前来参加法会活动。老观在一片虔诚的诵经声中，为全观所有的神像开了光。

  为圆满先师的遗愿，使无量观更加完美增辉，1990年由许信友大师主持，开始筹备创建东阁。经过艰苦努力，到1993年东阁落成。全阁金碧辉煌，别具一格。碧霞大殿神像仍以泥塑面金，碧霞元君、送生娘娘和催生娘娘等诸神像栩栩如生。传说碧霞元君神通广大，能使妇女生孩子，保佑儿童，人们对农耕、经商、旅行、婚姻、疗病等进行膜拜祈祷，以求护佑。近代北方信仰日盛。1993年农历六月十九日，全观彩旗飘扬，人山人海，举行了隆重的开光仪式。至此，无量观更加宏伟壮观了。

# 逛庙会天降福祉

生活幸福，人生长寿，是大家所盼望的。为此，文人雅士大颂福寿，祝愿福能像东海那样宽容长流水，长寿好比南山不老的青松。信仰道教的人们，则经常上庙祈求福寿绵长。特别在庙会期间，更是火爆非凡。

千山庙会由来已久，习俗传递源远流长。庙会也与国运紧密相连，有时兴旺令人振奋，有时衰败叫人痛心。无量观是千山最早最大的道观，从清代初期就有庙会，不过是大小而已。每年的春节期间，从正月初一到十五，上庙会的人们来来往往，多是求福求寿，消灾解厄，祈求神灵保佑、平安吉祥、如意安康，很是热闹的。在历史的长河中，什么情况都有。那

◎ 财神庙会

是在民国25年的春天，辽阳公署在千山道教无量观和佛教龙泉寺同时举办了大规模的祈祷庙会。会期十天，主要是祈祷国家安泰，五谷丰收。集聚僧道、信士日夜诵经，除了本地区的官民参加外，还盛情邀请了各地要人到场，南起大连，北至长春，轰轰烈烈多达万人之众，庙会盛况空前。是年秋季举办感恩会，规定年年例行，春、秋各一次。在战火纷飞的年代，庙会自然也就停了。

当今和谐社会，无量观在每年的正月初五这天，于下院财神庙举办轰轰烈烈的五路财神大庙会，信众多达万人，十分热闹，盛况空前。财神庙院中堆放着发着金光的元宝，人们来到这里抚摸元宝沾沾财气，沾沾喜气，转转运气，祈求今年财运亨通、生意兴隆、人丁兴旺、合家平安。

庙中供奉有文财神比干、武财神赵公明和关公等像。信众拜财神爷求财，财神多，要都拜到。五路财神有两种说法，一是拜东、西、南、北、中五方财神，收五方之财；再是拜文财神、武财神、义财神、富财神、偏财神五路财神。总之是拜所有管财的财神。这天，庙上非常忙，进香上大供，高功道长领道众诵经为众生祈福寿、祈发财、求吉祥。高功道长向到庙的众生撒喜钱，恭喜大家在新的一年中发财。这一天，庙上唱戏，扭秧

◎ 无量观庙会

歌，举办娱乐活动。庙上的住持道长，还给到庙的众人发纪念品，如兔年就发给大家"玉兔"，龙年就发给大家"金龙"。这一天，在到庙的信众忙个不停，有的为求财点亮财神灯；有的求福就点亮福星灯；有的求寿就点亮寿星灯；有的求官运亨通，就点亮禄星灯。灯灯互应，人人喜笑颜开。有的信众还在庙上放飞心愿活动，就是自己有什么心愿，比喻求吉利心想事成，就把它写在纸上贴到氢气球上放飞，气球在空中飞翔，好不畅快啊。有的用硬币钱打金钟，钟上铸有字，福禄寿喜财，求什么打什么，院中放了一堆金光灿灿的大元宝，信众们都往上面放钱。有的信众为了求财、求平安，还请财神符带回家以保发财，求镇宅符带回家以保平安吉祥。

为了让上庙的信众能得到财，庙上特意为大家准备了财。这财就是庙上用红布包裹着栗子木的"柴"，放在财神殿的供桌上，信众把"柴"请回家放到箱柜中，就象征求到了财。也有的信众到庙上求美满的婚姻，那就到月老像前朝拜，求月老帮忙，把写有婚姻美满、家庭幸福的红带子放到月老像的手腕上，表示千里姻缘一线牵，很受青年人的喜爱。有的信众学生求升学顺达，就到禄星那里去朝拜。中华儿女有敬老祝老长寿的传统，年轻人为祝父母长寿就去福寿二星那里朝拜，祝老人福如东海、寿比南山。庙上的道长们对到庙的众人都很热情，中午留大家在庙吃斋饭，主食是大米饭、馒头，菜是把白菜、豆腐、粉条、木耳、青椒、土豆、芹菜、炸蘑菇等多样菜放在一起，做成道教的混元菜，供大家品味、食用。高兴上庙，快乐回家，真是快乐的一天呀！

# 喜迎三山五湖客

　　千山被誉为是千朵莲花山，传说是积翠仙子绣出来的，山峰不足千，后人工造了一座，才凑足千座。无量观坐落在千山北部风景区内，紫气东来，正气冲霄汉，它是千山道教的祖庭。声誉响彻东北，震动关内，每天朝山拜神的信众络绎不绝。

　　清代康熙皇帝于1682年4月东巡时，率领皇后、皇太子及诸王、贝勒、大臣等由辽阳城起驾入千山，巡视了祖越寺，观赏了无量观莲花峰的诸景。时值春意盎然，花红柳绿的季节，寺观仙境宜人，随即咏诗抒怀。乾隆皇帝于1743年之后，曾四次到东北巡察，每次都想到千山看看，但因故都没有能亲身到千山，仅留下三首诗，怀念千山。浙江钱塘县人高士奇，康熙十九年，卖文自养，春节为人作春联，被康熙发现，三次考试都是第一，赐号竹窗，命他供奉内庭，官至清朝礼部尚书，1682年览胜无量观圣境。河南新安人吕履恒，康熙年间进士，系奉天府丞，游千山无量观罗汉洞，尽兴赋诗一首说：岩腹正中穿，初入随俯仰。混沌谁开凿，玲珑非意想。江西新建人裘曰修，清乾隆年间进士，官至工部尚书。他览胜无量观罗汉洞赋诗说："歇马步入祖越寺，罗

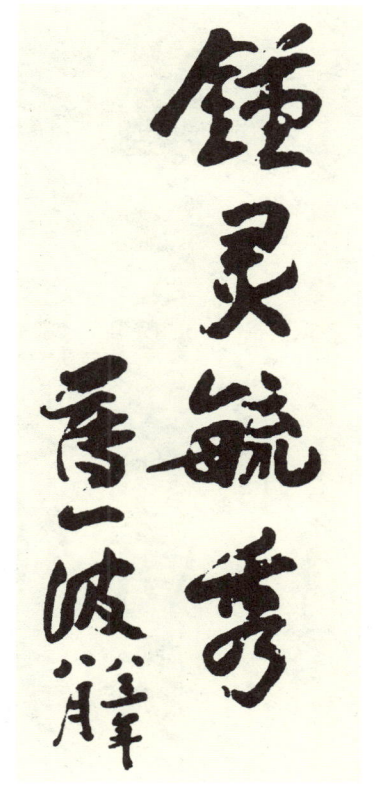

◎ 原国务院副总理薄一波题词

南有黄山 北有千山

◎ 全国人大常委会原副委员长费孝通题词

汉古洞相夤缘。探幽缒险下复上，狮口一线光初穿。"皇太极的第六个儿子爱新觉罗·高塞，康熙年间为镇国公，游千山时登上无量观莲花峰，心扉开放，口咏莲花天际出，渐觉绝尘埃。清代乾隆年间进士，翰林院编修王尔烈，字君武，号瑶峰辽阳人。乾隆三十六年进士，二甲一名，授编修。历官御史、内阁侍读，充任四库全书处及三通馆纂修。嘉庆元年千叟宴御赐诗并集古三星图、如意鸠杖等，后掌沈阳书院。工诗文、善书法，誉为辽东第一。曾多次游千山，赞美千山诗，编入《瑶峰集》。他游无量观时说："罗汉洞景，窈而曲幽，还有个无梁道观正在修，凡是到此一游的人，无不称赞叫好啊！"

新中国成立后，党和国家很重视景区的建设和发展。1983年8月，原国务院副总理薄一波到千山视察，并留下"钟灵毓秀"赞美千山的名言。

千禧之年前后，全国人大常委会

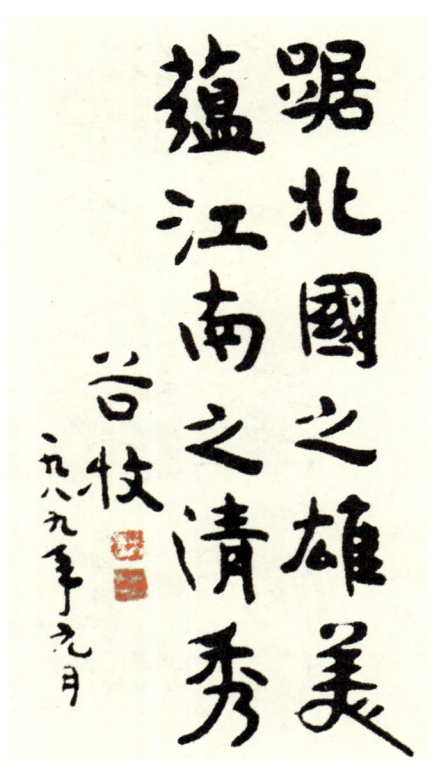

◎ 国务院原副总理古牧题词

◎ 香港道教学院同学会到无量观参访朝圣

原副委员长费孝通先生多次视察千山,并留下赞言"南有黄山北有千山"。

1989年1月原国务院副总理谷牧到千山视察后挥毫写下:"踞北国之雄美,蕴江南之清秀。"

老道观焕发了青春,变得更加美丽、壮观。春花溢香、夏绿如海、秋叶似火、冬雪压松。真是四季有景,四季接纳四海宾客。每年接待客人运数万人,现在每年可达数百万人之多。

中华民族是一个由56个民族组成的大家庭,千山周边就有汉族、满族、回族、朝鲜族、蒙古族、锡伯族等32个民族,各民族平等,都有着自己的风俗习惯。千山周边有佛教、道教、伊斯兰教、天主教和基督教,五大宗教俱全。1995年,国务委员、国家民委主任司马义·艾买提到千山视察过。全国宗教界的领袖人物也时常到千山视察观光。1981年全国政协原常委、中国道教协会会长黎遇航,到千山无量观之后信口咏诗赞美说:"清晨冒雨入千山,步步登天云雾攀。若问群峰传圣迹,莲花朵朵落人

◎ 许信有大师接待中共中央统战部同志

间。"在这里充分体现出各民族、各教相互尊重和谐大家庭的气氛。大家朝山拜佛敬神,都自觉尊重寺院、道观的规定和清素的生活理念,道观的道长们喜迎三山五湖客,也都非常尊重来往的宾客,呈现一派道俗和谐的盛世景象。

# 情结五洲四海缘

  千山是全国著名的风景名胜区，每年有数十万的国内外游客来这里观光旅游。在清代就有外国人进入千山，以后逐渐增多，新中国成立后，中国人民站起来了，立于世界民族之林，来的外国人逐年增多。特别是改革开放以来，来千山观光游览的外国人逐年增多，一年最多有四十多个国家和地区的友人朝山观光。

  最早进入千山的外国人是南怀仁，生于1623年10月，他是比利时人，随康熙皇帝到千山游过无量观莲花峰诸景。他是个耶稣教会的宣教师，清世祖顺治年间入中国传教，后来受康熙帝的宠信，任为钦天副监，官至工

◎ 王崇道监院接见俄罗斯朋友

部侍郎。随康熙皇帝东巡时，已经五十九岁了，其自著《满洲旅行记》说：1682年岁首，大清康熙皇帝巡幸于辽东地区，他亦奉皇帝的圣旨近侧护从，并携带科学器具，随时观测天象，记载山岳的高度，身不离皇帝左右。由吉林返沈阳，每遇到河，皇帝就令他在王公大臣渡之前先渡。皇帝说："只有南怀仁，我的天幕。"南怀仁与皇帝同桌吃饭，未尝离开皇帝。康熙帝回銮时，于4月20日由沈阳启程，21日游览千山，南怀仁当然也必同行。这是史载第一个入千山的外国人。南怀仁在康熙二十七年时去世于北京，皇帝敕封给他号为"勤敏"。

◎ 王崇道监院接待香港道教联合会黎显华理事长

　　千山风景区是鞍山的重要旅游区，它与千山温泉、玉佛山景区、汤岗子温泉疗养区，遥相呼应。到汤岗子温泉疗养的外国朋友说，闻名不如眼见，要到千山亲身领略它的风光，看看僧寺道观的活动。到玉佛山看世界的最大玉佛，自然也要上千山看看。鞍山是一个多民族的城市，各民族都和谐相处，对国外来的朋友都能接待好。1956年5月份，越南少数民族代表团到鞍山访问，览胜了千山。1959年12月份，朝鲜平安北道艺术团72人访问鞍山，览胜了千山。鞍山五大宗教俱全，民族宗教的国际、地区间友好往来日益增多，1984年由圣一法师率领的香港佛教代表团7人到千山朝山拜佛，世界佛教联合会副会长香港觉光法师，也多次到千山观光览胜。还有不少外国朋友做生意来到鞍山，也要抽空去千山瞧瞧。一年中有俄国、朝鲜、韩国、日本、泰国、马来西亚、德国、法国、英国等几十个国家和

地区的朋友游千山、看宗教。许信有大师生前接待很多外国朋友，有黄种人、有白种人、有黑种人，不管是什么肤色的人都一样，凡是到千山来的，许大师和道长们都热情周到地接待，都不卑不亢地作为朋友接待。这给外国友人留下了美好的印象，让他们亲身感到，中国的道长们道法自然的心态和与人为善的情怀，以及各民族各宗教和谐共处的气魄。现在无量观的当家人是许大师的弟子王崇道道长，他继承了许大师的优良传统，带领全观道众积极修行正道正法，更好地服务五洲四海的朋友们。

**图书在版编目（CIP）数据**

千山圣境无量观/刘明省,庄志学,黄忠浩著.—北京：华夏出版社,2014.1
（中国道教文化之旅丛书）
ISBN 978-7-5080-7780-2

Ⅰ.①千… Ⅱ.①刘… ②庄… ③黄… Ⅲ.①道教－宗教文化－介绍－鞍山市　Ⅳ.①K928.75

中国版本图书馆 CIP 数据核字（2013）第 184093 号

## 千山圣境无量观

| | |
|---|---|
| 作　者 | 刘明省　庄志学　黄忠浩 |
| 责任编辑 | 蔡姗姗 |
| 出版发行 | 华夏出版社 |
| 经　销 | 新华书店 |
| 印　刷 | 北京市华宇信诺印刷有限公司 |
| 装　订 | 三河市李旗庄少明印装厂 |
| 版　次 | 2014 年 1 月北京第 1 版　2014 年 1 月北京第 1 次印刷 |
| 开　本 | 720×1030　1/16 开 |
| 印　张 | 12.75 |
| 字　数 | 220 千字 |
| 定　价 | 39.80 元 |

华夏出版社　网址：www.hxph.com.cn　　地址：北京市东直门外香河园北里 4 号　邮编：100028
若发现本版图书有印装质量问题，请与我社营销中心联系调换。电话：（010）64663331（转）